基于公司战略下的经营风险管理研究

纪 峰 著

北京工业大学出版社

图书在版编目（CIP）数据

基于公司战略下的经营风险管理研究 / 纪峰著 . —
北京 ：北京工业大学出版社，2020.9（2021.8 重印）
ISBN 978-7-5639-7643-0

Ⅰ . ①基… Ⅱ . ①纪… Ⅲ . ①公司－企业经营管理－
风险管理－研究 Ⅳ . ① F272.35

中国版本图书馆 CIP 数据核字（2020）第 189020 号

基于公司战略下的经营风险管理研究

JIYU GONGSI ZHANLUE XIA DE JINGYING FENGXIAN GUANLI YANJIU

著　　者： 纪　峰

责任编辑： 邓梅菡

封面设计： 点墨轩阁

出版发行： 北京工业大学出版社

　　　　　　（北京市朝阳区平乐园 100 号　邮编：100124）

　　　　　　010-67391722（传真）　bgdcbs@sina.com

经销单位： 全国各地新华书店

承印单位： 三河市明华印务有限公司

开　　本： 710 毫米 ×1000 毫米　1/16

印　　张： 12.5

字　　数： 250 千字

版　　次： 2020 年 9 月第 1 版

印　　次： 2021 年 8 月第 2 次印刷

标准书号： ISBN 978-7-5639-7643-0

定　　价： 45.00 元

作者简介

　　纪峰，毕业于南京理工大学，是工商管理硕士研究生，现任盐城师范学院商学院财务与会计系主任，副教授职称，从事会计学专业教学工作二十余年，长期教授财务会计、财务管理和公司战略与风险管理等课程。研究领域为财务管理、内部控制和企业信息化，主持和参与完成多项省、厅级课题，在权威期刊上发表了多篇学术论文，并出版了多本著作，指导学生参加"创青春"和"互联网＋"大学生创新创业大赛以及各级各类专业技能竞赛，多次获得优异成绩。

前　言

随着当前市场经济的快速发展，公司的经营风险已经逐步成为各大公司用于研究和提升其市场竞争力的重点和核心。对于公司而言，经营管理效率的高低直接关系到公司的生存和发展。因此，要提高公司的经济效益，必须认真分析公司战略下的公司经营风险因素，为公司的生产经营活动提供行之有效的风险管控措施。

本书共七章。第一章为绪论，主要阐述了公司的使命、目标与经营的环境，公司经营风险的构成，公司经营风险的内涵及其存在原因等内容；第二章为公司经营风险管理综述，主要阐述了公司风险管理的演进、公司经营风险管理的意义以及公司经营风险管理的方法与程序等内容；第三章为现代公司经营的环境风险管理，主要阐述了经济环境风险管理、政治环境风险管理、文化环境风险管理、技术环境风险管理和市场环境风险管理等内容；第四章为现代公司经营的业务风险管理，主要阐述了战略风险管理、生产风险管理、销售风险管理和物流风险管理等内容；第五章为现代公司经营的财务风险管理，主要包括财务风险概述、资金流动风险管理、投资项目风险管理和客户信用风险管理等内容；第六章为公司战略决策与战略风险流程管理，主要阐述了公司的战略目标与战略层次、公司的战略决策与战略选择以及基于流程管理的战略风险控制等内容；第七章为现代公司经营战略与风险管理的策略探讨，主要阐述了公司经营战略和公司经营风险管理的策略等内容。

笔者在撰写本书的过程中参考了大量有关公司经营风险管理方面的著作，也引用了许多专家和学者的研究成果，在此一并表示衷心的感谢。

由于时间仓促，笔者水平有限，书中难免存在不足之处，恳请广大读者多提宝贵意见，以便本书日后的修改与完善。

目　录

第一章　绪　论

公司经营风险产生于公司发展的各个阶段，并广泛地存在于投资、融资、营运资金和收益管理活动中。一个公司的盈利能力与其防范风险的能力是相辅相成的，没有有效规避风险、控制风险的措施，就不可能有较高的盈利能力。本章分为公司的使命、目标与经营的环境，公司经营风险的构成，公司经营风险的内涵及其存在原因三部分。本章主要内容包括公司的使命和目标，公司经营的环境分析，风险的概念、特点与分类等方面。

第一节　公司的使命、目标与经营的环境

一、公司的使命和目标

（一）公司的使命

1. 公司使命的概念与内容

一个公司的成立和成长都有其愿景，即对公司未来的愿望和憧憬，是公司创立者和经营者对公司未来的构思与设想。而公司使命则是公司在其愿景的基础上对自身和社会发展所做出的承诺，即公司存在的理由与根本性质。公司使命一般包括公司目的、公司宗旨和经营哲学。

（1）公司目的

公司目的是公司使命的直接体现。公司属于营利性组织，其首要目的是为投资者创造经济利益。对于公司目的的论点，中外理论界一直有很大的争议，归纳起来，主要观点有"利润最大化""股东财富最大化""经营者效用最大化"和"公司价值最大化"四种。

"利润最大化"观点认为，利润代表公司新创造的财富，利润越多则说明

公司的财富增加得越多，越接近公司的目标。"利润最大化"观点是以西方厂商理论为理论基础的，古典经济学家亚当·斯密、大卫·李嘉图、阿尔弗雷德·马歇尔等都是利润最大化目标的提倡者，我国财务学界也有一些学者支持这种观点。利润最大化与边际主义有着密切的联系，即厂商追求的利润最大化是以边际成本与边际收益相等时的产销量来进行决策的。

"股东财富最大化"的观点认为，公司是由股东投资组建的，股东是公司的法定所有者，股东财富最大化符合股东创办公司的目的。

"经营者效用最大化"的观点认为，公司的经营决策是由经营者制定并完成的，公司的理财目标应保证经营者效用最大化。经营者效用最大化目标强调了经营者在公司的重要性及其对经营者激励的重要性，因此有助于激励经营者为公司发展做出更大的贡献。

"公司价值最大化"的观点认为，公司应以公司价值最大化作为公司的目标。所谓公司价值是指，公司未来现金净流量按照公司要求的必要报酬率计算的总现值，也是公司的市场价值。这种观点有以下优点：第一，公司价值最大化目标体现了公司战略管理思想；第二，公司价值最大化目标与相关利益者的利益相一致；第三，公司价值最大化充分考虑了货币的时间价值与风险因素。

（2）公司宗旨

公司宗旨是指规定公司去执行或打算执行的活动，以及现在的或期望的公司类型。它是关于公司存在的目的或对社会发展的某一方面应做出贡献的陈述，主要阐述公司长期的战略意向和公司目前及未来所要从事的经营业务范围。

（3）经营哲学

经营哲学是公司为其经营活动方式所确立的价值观、基本信念和行为准则，是公司文化的高度概括。公司的经营哲学是在公司长期的经营活动中形成的对发生的各种关系的认识和态度总和，它是公司从事生产经营活动的基本指导思想。

2. 公司使命的案例

为了更好地实现公司在社会经济发展中担当的角色与责任，公司需要将确定的公司使命用简洁、准确和形象的语言表述出来。以下是20家著名公司的使命表述。

①迪士尼公司——使人们过得快活。

②中国工商银行——为客户创造价值，不断开拓创新，推动金融发展。

③微软公司——致力于提供使工作、学习、生活更加方便、丰富的个人电

脑软件。

④索尼公司——体验发展技术造福大众的快乐。

⑤惠普公司——为人类的幸福和发展做出技术贡献。

⑥耐克公司——体验竞争、获胜和击败对手的感觉。

⑦沃尔玛公司——给普通百姓提供机会，使他们能与富人买到同样的东西。

⑧IBM公司——无论是一小步，还是一大步，都要带动人类的进步。

⑨麦肯锡公司——帮助杰出的公司和政府更为成功。

⑩华为公司——聚焦客户关注的挑战和压力，提供有竞争力的通信解决方案和服务，持续为客户创造最大价值。

⑪联想公司——为客户利益而努力创新。

⑫万科公司——建筑无限生活。

⑬戴尔公司——在我们服务的市场提供最佳客户体验。

⑭美国电话电报公司——建立全球电话服务网络。

⑮中国兵器工业集团——服务于国家国防安全、服务于国家经济发展。

⑯中国移动通信——创无限通信世界，做信息社会栋梁。

⑰波音公司——我们要成为世界排名第一的航空公司。

⑱飞利浦公司——及时推出有意义的科技创新，改善人们的生活质量。

⑲苹果公司——藉推广公平的资料使用惯例，建立用户对互联网之信任和信心。

⑳壳牌石油公司——打造世界一流公司的良好形象，超越资源开拓事业，卓有成效创造业绩。

从上述20家著名公司的使命表述可以看出，公司使命的表述并没有囊括公司使命涉及的所有方面。这是因为在复杂多变的经营环境下，详尽、全面的使命表述可能会束缚公司目标和公司战略的制定与实施。因此，现代公司在表述公司使命时，主要应注意以下三个方面：一是简洁表述公司的业务性质；二是准确表述公司存在的目的；三是形象表述公司的主要战略方向。

（二）公司的目标

所谓公司的目标，即一个公司在未来一段时间内所要达到的预期成果，它由一系列的定性或定量指标来描述。相关实践表明，一个公司如果没有目标就会缺乏奋斗的动力和未来的希望。美国行为学家吉格勒指出：设定一个高目标就等于达到了目标的一部分。美国"现代管理学之父"彼得·德鲁克对公司目标进行了高度的概括：各项目标必须从"我们的公司是什么，它将会是什么，它应该是什么"引导出来。它们不是一种抽象，而是行动的承诺，借以实现公司的使命；它们也是一种用以衡量工作成绩的标准。换言之，目标是公司的基本战略。公司的目标是公司使命的具体化，主要由战略目标和财务目标组成。

1. 战略目标

战略目标是对公司在未来一段时间内的战略经营活动预期取得成果的期望值。战略目标的设定，同时也是公司使命的展开和具体化，是公司使命中确认的公司目的、公司宗旨和经营哲学的进一步阐明和界定，也是公司在既定的战略经营领域展开战略经营活动所要达到水平的具体规定。

德鲁克在《管理的实践》一书中提出了七个关键领域的战略目标。

①市场方面的目标：应表明本公司希望达到的市场占有率或在竞争中达到的地位。

②技术改进和发展方面的目标：对改进和发展新产品，提供新型服务内容的认知及措施。

③提高生产力方面的目标：有效地衡量原材料的利用，最大限度地提高产品的数量和质量。

④物资和金融资源方面的目标：获得物质和金融资源的渠道及其有效的利用。

⑤人力资源方面的目标：人力资源的获得、培训和发展，管理人员的培养及其个人才能的发挥。

⑥职工积极性发挥方面的目标：对职工激励、报酬等措施。

⑦社会责任方面的目标：注意公司对社会产生的影响。

一般来说，战略目标主要体现在以下方面：获得持久的竞争优势；提高公司在客户中的声誉；获取足够的市场份额；抓住诱人的成长机会；建立技术上的领导地位；在产品质量、客户服务等方面压倒竞争对手；在国际市场上建立更强大的立足点等。江西财经大学张蕊教授研究认为，应对金融危机，公司战略目标还应在原有基础上增设以下指标。

①客户层面：获得订单比率指标、客户保持或变化率、销售增长率等指标。

②创新层面：生态化技术创新研发费用投入、能源消耗节约研发费用投入比率、三废循环利用研发费用投入比率、符合一定标准的高科技含量新产品的研发投入等指标。

③内部生产经营过程层面：三废治理达标率、三废循环利用率、资源开采的节约或高效利用等指标。

④职员层面或学习与增长层面：关键人才保持率、为保持优秀人才的投入、优秀人才的引进率、公司的柔性管理能力、决策所产生的效益、生产线变更时间等。

在实务中，公司性质和发展阶段不同，往往战略目标也大相径庭。

2. 财务目标

公司财务目标是指，公司生产经营活动在一定的环境和条件下致力达到的财务指标目标，包括偿债能力目标、盈利能力目标、营运能力目标、现金流量目标、成长能力目标、股利股价增长目标等。

二、公司经营的环境分析

（一）公司经营的外部环境

1. 宏观环境分析

宏观环境是指，那些给公司带来机会或者威胁的、在广阔的社会环境中影响产业或公司发展的各种因素。宏观环境因素常常概括为四类：政治和法律因素、经济因素、社会和文化因素、技术因素。由于上述四个因素的英文第一个字母分别是 P、E、S、T，为此宏观环境分析也常常被称为 PEST 分析。

（1）政治和法律环境

政治和法律环境是指那些制约和影响公司发展的政治要素和法律系统，以及其运行状态。

由于政治环境和法律环境关联度很高，所以在实务中通常将两者放在一起分析。政治和法律环境的方向性和稳定性是战略管理者进行战略决策时考虑的主要因素，直接决定着公司的战略决策取向。

政治和法律环境对于公司来说是不可控的，公司通常无法改变，只能无条件服从。政治和法律环境通常扮演着游戏规则制定者的角色，规范和限制着公司的运作，但同时也保障公司合法合规的正常生产经营活动。一般来说，公司只有在稳定有序的政治和法律环境中才能获得长期稳定的发展。因此，政治和法律环境作为影响公司决策的因素，常常表现出直接性、难以预测性和不可逆转性等特点。

①政治环境分析的主要内容。政治环境分析主要分析国内的政治环境和国际的政治环境。

国内政治环境主要包括的要素有：政治制度、政党和政党制度、政治性团体、党和国家的方针政策、政治气氛。

国际政治环境主要包括的要素有：国际政治局势、国际关系、目标国的国内政治环境。

政治环境对公司战略决策的影响主要表现为国家政府所制定的方针政策，如人口政策、能源政策、物价政策、财政政策、货币政策等，都会给公司战略决策带来影响。例如，国家通过降低利率来刺激消费的增长；通过征收个人所得税调节人们收入的差异，从而影响人们的购买行为；通过征收消费税，抑制人们对烟、酒等商品的消费需求。

②法律环境分析的主要内容。法律环境是指国家或地方政府所颁布的各项法规、法令和条例等，它是公司战略决策的准则，公司只有依法进行各种经营活动，才能受到国家法律的有效保护。近年来，为适应经济体制改革和对外开放的需要，我国陆续制定和颁布了一系列法律法规。公司战略管理者必须熟知相关的法律条文，才能保证公司经营的合法性，运用法律武器来保护公司与消费者的合法权益。

法律环境分析主要分析的内容有以下方面。①法律规范。特别是和公司经营密切相关的经济法律法规，如《中华人民共和国公司法》《中华人民共和国中外合资经营企业法》《中华人民共和国合同法》《中华人民共和国专利法》《中华人民共和国商标法》《中华人民共和国企业所得税法》《中华人民共和国企业破产法》等。②国家司法执法机关。在我国主要有法院、检察院、公安机关以及各种行政执法机关。与公司关系较为密切的行政执法机关有工商行政管理机关、税务机关、物价机关、计量管理机关、技术质量管理机关、专利机关、环境保护管理机关、政府审计机关。此外，还有一些临时性的行政执法机关，如各级政府的财政、税收、物价检查组织等。③公司的法律意识。公司的法律意识是法律观、法律感和法律思想的总称，是公司对法律制度的认识和评价。公司的法律意识，最终都会物化为一定性质的法律行为，并造成一定的行为后果，从而构成每个公司不得不面对的法律环境。④国际法所规定的国际法律环境和目标国的国内法律环境。

对从事国际经营活动的公司来说，不仅要遵守本国的法律制度，还要了解和遵守国外的法律制度和有关的国际法规、惯例和准则。例如，欧洲国家规定禁止销售不带安全保护装置的打火机，无疑限制了中国低价打火机的出口市场。日本政府也曾规定，任何外国公司进入日本市场，必须要找一个日本公司与其合伙，以此来限制外国资本的进入。因此，公司只有了解、掌握了这些国家的有关贸易政策，才能制定有效的战略方案，在国际经营中争取主动。

（2）经济环境

经济环境是指构成公司生存和发展的社会经济状况及国家的经济政策，包括社会经济结构、经济发展水平、经济体制、宏观经济政策、当前经济状况和其他经济条件等。

经济环境是一个多元动态系统，公司受其影响的水平和强度不尽相同。据研究发现，以下行业受经济环境影响较大。

①资源类行业：能源（煤炭、石油等矿产资源）、土地、水电。

②金融业：银行、证券、担保、保险等。

③原材料：日用消费品原材料、重型加工业原材料。

④农产品：种植业、畜牧业、渔业产品。

⑤健康行业：医疗卫生、食品。

⑥基础建设行业：房地产、交通运输、道路等。

因此，公司战略管理者在进行经济环境分析时，需要结合公司自身的实际情况，着重考虑对公司影响较大的关键经济环境因素。

（3）社会文化环境

社会文化环境包括一个国家或地区的居民受教育程度和文化水平、宗教信仰、风俗习惯、审美观点、价值观念等。文化水平会影响居民的需求层次；宗教信仰和风俗习惯会禁止或抵制某些活动的进行；价值观念会影响居民对组织目标、组织活动以及组织存在本身的认可与否；审美观点则会影响人们对组织活动内容、活动方式以及活动成果的态度。可见，社会文化环境强烈地影响着人们的购买决策和公司的经营行为。

（4）科技环境

科技环境是指公司所处环境中的科技要素及与该要素直接相关的各种社会现象的集合，包括国家科技体制、科技政策、科技发展水平和科技发展趋势等。

①国家科技体制。国家科技体制是指有关科学技术的机构设置、管理研究、职责范围、权利义务关系的一整套国家层面的结构体系和制度设置。我国原有的科技体制是在计划经济体制下逐步形成的，其突出特点是政府拥有独立研究机构的技术和资源。该体制已在特定的历史时期，为我国经济发展、国防建设和社会进步做出了重要贡献，也为科学技术自身发展奠定了坚实基础。随着我国改革开放进程的推进和社会主义市场经济体制的逐步建立，原有科技体制的弊端日益突显。自 20 世纪 80 年代开始，中央决定对科学技术体制进行坚决的和有步骤的改革，改革的历程分以下四个阶段。

第一阶段：1985—1992 年。1985 年，中共中央发布了《关于科学技术体制改革的决定》，全面启动了科技体制改革。我国以改革拨款制度、开拓技术市场为突破口，引导科技工作面向经济建设主战场。

第二阶段：1992—1998年。1995年中共中央、国务院发布《关于加速科学技术进步的决定》，确立了科教兴国战略，提出"稳住一头，放开一片"的改革方针，开展了科研院所结构调整的试点工作，1998年开始在中国科学院实施知识创新工程试点。

第三阶段：1998—2004年。1999年发布的《中共中央、国务院关于加强技术创新，发展高科技，实现产业化的决定》，对科研院所的布局结构进行了系统调整。加强国家创新体系建设、加速科技成果产业化成为这一时期的主要政策走向。政策集中在促进科研机构转制、提高公司和产业创新能力等方面。

第四阶段：2005年至今。《国家中长期科学和技术发展规划纲要（2006—2020年）》的提出，进一步明确了我国科技体制改革与建设创新型国家的要求，指出在今后一段时间内，我国科技体制改革的主要任务：一是支持鼓励公司成为技术创新主体；二是深化科研机构改革，建立现代科研院所制度；三是推进科技管理体制改革；四是全面推进中国特色国家创新体系建设。

②科技政策。科技政策是国家为实现一定历史时期的科技任务而规定的基本行动准则，是确定科技事业发展方向，指导整个科技事业发展的战略和策略原则。

第二次世界大战以来，由于科学技术的迅猛发展，科学日益社会化，社会日益科学化，从而使科技政策的研究和制定显得日益重要。国家的科技事业要得到发展，既要处理好科技领域内部的各种关系，有利于科技事业的发展；又要处理好科技与社会、经济的相互关系，促进它们协调发展。因此，国家必须制定统一的基本行动准则，发挥政府的宏观调控作用，实施有效的政策管理措施。目前，我国国家科学技术部、中国科学院和各省科技厅、各市科技局大都设有科技政策研究机构。此外，我国还成立了全国性和地方性的科技政策研究会。

科技政策的研究和制定涉及的内容很广，从国家的科技发展战略、科技管理的基本原则，到具体的地方性科技政策等。制定科技政策的基本原则有：科技政策与国家发展战略相一致，符合科技自身的发展规律，以及科技与社会、经济协调发展等。

科技政策在整个科学活动中，表明支持什么、反对什么、发展什么、限制什么，起着协调控制的作用，保证科学技术朝着一定的目标，沿着正确的路线有序发展。20世纪30年代以后，科技政策开始作为一门学问进行专门的研究。

目前，世界主要国家设立的科技研究机构已经超过 1000 个。科技政策研究涉及多个方面，从国家发展科学的战略，到具体的、地方的科学技术政策。制定正确的科技政策，既要处理好科学技术活动领域内的各种关系，又要处理好科学技术与社会、经济的相互关系。

③科技发展水平。科技发展水平是科技能力所达到的水平或状态。科技发展水平是科技能力的直接体现，科技发展依附于科技能力。科技发展水平的衡量指标主要分为七类：科技资源指标、教育指标、科技信息指标、科技产出指标、科技管理指标、科技与经济指标、科技与社会指标。

④科技发展趋势。当前，全球新一轮科技革命和产业变革方兴未艾，科技创新正加速推进并深度融合、广泛渗透到人类社会的各个方面，成为重塑世界格局、创造人类未来的主导力量。公司只有认清形势，才能顺势而为、抢抓机遇。中国科学院院长白春礼认为，从宏观视角和战略层面看，当今世界科技发展正呈现以下十大发展新趋势。

第一，颠覆性技术层出不穷，将促进产业发生重大变革，成为社会生产力新飞跃的突破口。作为全球研发投入最集中的领域，信息网络、生物科技、清洁能源、新材料与先进制造等正孕育一批具有重大产业变革前景的颠覆性技术。量子计算机与量子通信、干细胞与再生医学、合成生物和"人造叶绿体"、纳米科技和量子点技术、石墨烯材料等，已展现出诱人的应用前景。先进制造正向结构功能一体化、材料器件一体化的方向发展，极端制造技术向极大（如航母、极大规模集成电路等）和极小（如微纳芯片等）方向迅速推进。人机共融的智能制造模式、智能材料与 3D 打印结合形成的 4D 打印技术，将推动工业品由大批量集中式生产向定制化分布式生产转变，引领"数码世界物质化"和"物质世界智能化"。这些颠覆性技术将不断创造新产品、新需求、新业态，为社会经济发展提供前所未有的驱动力，推动经济格局和产业形态深刻调整，成为创新驱动发展和国家竞争力增强的关键所在。

第二，科技更加以人为本，绿色、健康、智能成为引领科技创新的重点方向。未来科技将更加重视生态环境保护与修复，致力于研发低能耗、高效能的绿色技术与产品。以分子模块设计育种、加速光合作用、智能技术等研发应用为重点，绿色农业将创造农业生物新品种，提高农产品的产量和品质，保障粮食和食品安全。基因测序、干细胞与再生医学、分子靶向治疗、远程医疗等技术大规模应用，医学模式将进入个性化精准诊治和低成本普惠医疗的新阶段。智能化成为继机械化、电气化、自动化之后的"新工业革命"，工业生产向更绿色、更轻便、更高效的方向发展。服务机器人、自动驾驶汽车、快递无人机、智能穿戴设备等的普及，将持续提升人类的生活质量。科技创新在满足人类不断增长的个性化、多样化需求，增进人类福祉方面，将展现出超乎想象的神奇魅力。

第三，"互联网+"蓬勃发展，将全方位改变人类的生产生活。新一代信息技术发展和无线传输、无线充电等技术实用化，为实现从人与人、人与物、物与物、人与服务互联向"互联网+"发展提供了丰富高效的工具与平台。随着大数据的普及，人类活动将全面数据化，云计算为数据的大规模生产、分享和应用提供了基础。工业互联网、能源互联网、车联网、物联网、太空互联网等新网络形态不断涌现，智慧地球、智慧城市、智慧物流、智能生活等应用技术不断拓展，将形成无时不在、无处不在的信息网络环境，对人们的交流、教育、交通、通信、医疗、物流、金融等各种工作和生活需求做出全方位的、及时的智能响应，推动人类生产方式、商业模式、生活方式、学习和思维方式等发生深刻变革。互联网的力量将全面重塑整个世界和社会，使人类文明继农业革命、工业革命之后迈向新的"智业革命"时代。

第四，国际科技竞争日趋激烈，科技制高点向深空、深海、深地、深蓝推进。空间进入、利用和控制技术是空间科技竞争的焦点，天基与地基相结合的观测系统、大尺度星座观测体系等立体性和全局性观测网络将有效提升人们对地观测、全球定位与导航、深空探测、综合信息利用能力。海洋新技术的突破正促进新型蓝色经济的兴起与发展，多功能缆控水下机器人、高精度水下自航器、深海海底观测系统、深海空间站等海洋新技术的研发和应用，将为深海海洋监测、资源综合开发利用、海洋安全保障提供核心支撑。地质勘探技术和装备研制技术不断升级，将使地球更加透明，人类对地球内部结构和资源的认识日益深化，为探寻新的资源与能源提供条件。量子计算机、非硅信息功能材料、第五代移动通信技术（5G）等更新的信息技术正向着更快速度、更大容量、更低功耗的方向发展。第五代移动通信技术有望成为未来数字经济乃至数字社会的"大脑"和"神经系统"，帮助人类实现"信息随心至，万物触手及"的用户体验，并带来一系列的产业创新和巨大的经济及战略利益。

第五，前沿基础研究向宏观拓展、微观深入和极端条件方向交叉融合发展，一些基本科学问题正在孕育重大突破。随着观测技术手段的不断进步，人类对宇宙起源和演化、暗物质与暗能量、微观物质结构、极端条件下的奇异物理现象、复杂系统等的认知将越来越深入，把人类对客观物质世界的认识提升到前所未有的新高度。合成生物学进入快速发展阶段，从系统整体的角度和量子的微观层面认识生命活动的规律，为探索生命起源和进化开辟了崭新途径，将掀起新一轮生物技术的浪潮。人类脑科学研究将取得突破，有望描绘出人脑的活动图谱和工作机理，有可能揭开意识起源之谜，极大地带动人工智能、复杂网络理论与技术发展。前沿基础理论研究的重大突破可能改变和丰富人类对客观世界与主观世界的基本认知，不同领域的交叉融合发展可望催生新的重大科学思想和科学理论。

第六，国防科技创新加速推进，军民融合向全要素、多领域、高效益深度发展。受世界竞争格局调整、军事变革深化和未来战争新形态等影响，主要国家将重点围绕极地、空间、网络等领域加快发展"一体化"国防科技。信息化战争、数字化战场、智能化装备、新概念武器将成为国防科技创新的主要方向。大数据技术将使未来战争的决策指挥能力实现根本性飞跃，推动现代作战由力量联合向数据融合的方向发展，自主式作战平台将成为未来作战行动的主体。军民科技深度融合、协同创新，在人才、平台、技术等方面的界限将日益模糊。随着脑科学与认知技术、仿生技术、量子通信、超级计算、材料基因组、纳米技术、智能机器人、先进制造与电子元器件、先进核能与动力技术、导航定位和空间遥感等科学技术的重大突破，人类将研发出更多高效能、低成本、智能化、微小型、抗毁性的武器装备，前所未有地提升国防科技水平，并带动众多科技领域实现重大创新与突破。

第七，国际科技合作重点围绕全球共同挑战，向更高层次和更大范围发展。全球气候变化、能源资源短缺、粮食和食品安全、网络信息安全、大气海洋等生态环境污染、重大自然灾害、传染性疾病疫情和贫困等一系列重要问题，事关人类共同安危，携手合作应对挑战成为世界各国的共同选择。太阳能、风能、地热能等可再生能源开发、贮存和传输技术的进步，将提升新能源的利用效率和社会经济效益，深刻改变现有能源结构，大幅提高能源自给率。据国际能源署预测，到2035年可再生能源将占全球能源的31%，成为世界主要能源。极富发展潜能的新一代能源技术将取得重大突破，氢能源和核聚变能有望成为解决人类基本能源需求的主要方向。人类面临共同挑战的复杂性和风险性，科学研究的艰巨性和成本之高昂，使各国间的相互依存与协同日趋加深，将大大促进各国合作研究和资源共享，推动高水平科技合作的广泛深入开展，并更多上升到国家和地区层面，甚至是全球的共同行动。

第八，科技创新活动日益社会化、大众化、网络化，新型研发组织和创新模式将显著改变创新生态。网络信息技术、大型科研设施开放共享、智能制造技术提供了功能强大的研发工具和前所未有的创新平台，使创新门槛迅速降低，协同创新不断深化，创新生活实验室、制造实验室、众筹、众包、众智等多样化新型创新平台和模式不断涌现，科研和创新活动向个性化、开放化、网络化、集群化的方向发展，催生越来越多的新型科研机构和组织。以"创客运动"为代表的小微型创新正在全球范围掀起新一轮的创新创业热潮，以互联网技术为依托的"软件创业"方兴未艾，由新技术驱动、以极客和创客为重要参与群体的"新硬件时代"正在开启。这些趋势将带来人类科研和创新活动理念及组织模式的深刻变革，激发出人们前所未有的创新活力。

第九，科技创新资源全球流动形成热潮，优秀科技人才成为竞相争夺的焦点。一方面，经济全球化对创新资源配置日益产生重大影响，人才、资本、技术、产品、信息等创新要素全球流动，速度、范围和规模都将达到空前水平，技术转移和产业重组不断加快。另一方面，科技发达国家强化知识产权战略，主导全球标准制定，构筑技术和创新壁垒，力图在全球创新网络中保持主导地位，新技术应用不均衡状态进一步加剧，发达国家与发展中国家的"技术鸿沟"不断扩大。发达国家利用其优势地位，通过放宽技术移民政策、开放国民教育、设立合作研究项目、提供丰厚薪酬待遇等方式，持续增强对全球优秀科技人才的吸引力。但新兴国家也纷纷推出各类创新政策和人才计划，积极参与科技资源和优秀人才的全球化竞争。

第十，全球科技创新格局出现重大调整，将由以欧美为中心向北美、东亚、欧盟"三足鼎立"的方向加速发展。随着经济全球化进程的加快和新兴经济体的崛起，特别是国际金融危机以来，全球科技创新力量对比悄然发生变化，开始从发达国家向发展中国家扩散。从 2001 年到 2011 年，美国研发投入占全球比重由 37% 下降到 30%，欧洲从 26% 下降到 22%。虽然以美国为代表的发达国家目前在科技创新上仍处于无可争议的领先地位，但其领先优势正逐渐缩小。中国、印度、巴西、俄罗斯等新兴经济体已成为科技创新的活跃地带，在全球科技创新"蛋糕"中所占的份额持续增长，对世界科技创新的贡献率也在快速上升。全球创新中心由欧美向亚太地区转移，由大西洋向太平洋区域扩散的总体趋势持续发展，未来 20 到 30 年内，北美、东亚、欧盟三个世界科技中心将鼎足而立，主导全球创新格局。

综上所述，PEST 分析在分析公司战略环境时，关注的焦点是政治、法律、经济、社会、文化和技术等环境要素的一般趋势与状态，但对宏观环境究竟如何影响公司战略缺乏深度分析。我国学者蒋峦、蓝海林和谢卫红研究认为，宏观环境主要从四条路径影响公司的战略：①宏观环境通过对行业环境的影响，从而最终影响公司战略；②宏观环境通过对集群环境的影响，从而最终影响公司战略；③宏观环境通过对公司间关系，尤其是对竞争者环境的影响，从而最终影响公司战略；④宏观环境通过对公司组织的影响，从而最终影响公司战略。

2. 产业环境分析

产业环境是指对处于同一产业内的组织都会发生影响的环境因素。与一般环境不同的是，产业环境只对处于某一特定产业内的公司以及与该产业存在业务关系的公司发生影响。产业环境分析的主要任务是探索公司所在行业的经济特征、长期盈利能力和发现影响产业吸引力的因素。

（1）产业的经济特征分析

产业是指提供相似的产品或服务的公司的集合。所谓"相似的产品或服务"是指那些消费者认为可以相互替代的产品或服务。产业环境分析的首要任务是从整体上把握产业的主要经济特征。概括某一产业的特征主要考虑产业的市场规模、产业的增长速度、产业的生命周期、产业的竞争范围、竞争者数量和相对规模、产业内竞争者产品或服务的差异度、产业内公司一体化程度、产业内分销渠道的类型、产业的规模经济和学习经济曲线、产业的技术变革速度、产业的能力利用率等因素

（2）产业的生命周期分析

产业的发展与产品一样要经历一个从导入期、成长期到成熟期、衰退期的发展过程。迈克尔·波特认为"预测产业演变过程的鼻祖是我们熟知的产品生命周期"。公司战略管理者的任务是预测随着产业环境的演变，竞争力量强度变化的趋势，并制定相应的战略，把握机会，克服威胁。

在一般情况下，产业的生命周期随着新产品的创新和推广过程呈"S"形。

（3）产业的竞争状况分析

产业的竞争状况是指一个产业的各种力量竞争的态势。产业的竞争状况决定了该产业的竞争强度与盈利水平，决定了该产业的吸引力与投资潜力。

①产业内公司的竞争。产业内公司的竞争是指一个产业内现有公司为市场占有率而进行的竞争。产业内公司的竞争往往是六种力量中最强大的竞争力量。为了赢得市场地位和顾客的青睐，现有公司通常会不惜一切代价，甚至拼得"你死我活"。但有时，在对抗潜在进入者和替代品的威胁时，也会表现出合作的态度。产业内公司竞争的激烈程度往往取决于以下因素。

一是产业内公司的数量和力量对比。一般情况下，现有竞争者的数量众多且规模相当，并拥有大致相同的资源和能力时，产业内的竞争会相当激烈。

二是产业内公司的差异化程度或转换成本的高低。当产业内公司的产品缺乏差异性或转换成本很低时，购买者选择的余地就会很大，从而就会导致公司在价格和服务上展开激烈的竞争。

三是产业所处生命周期阶段。产业处于导入期和成长期,产业内未满足的市场容量很大,产业内的现有公司只需提高产品质量和加大销售力度,生产的产品数量就能较为容易地销售出去,因此处于导入期和成长期的产业,竞争程度不高。产业处于成熟期和衰退期,产业内的市场容量已经饱和,现有公司为了抢占市场份额往往会大打价格战、服务战、宣传战等,产业内的竞争非常激烈。

四是产业退出壁垒的高低。退出壁垒是指公司退出产业的难度或障碍。如果产业的退出壁垒高,现有公司难以退出,就算失败也要苦苦支撑,这样就会导致产业内的公司数量越来越多,因而竞争就日益激烈;反之,现有公司可以顺利退出,产业内的竞争激烈程度就相应缓和很多。

退出壁垒主要有专用性资产、退出费用、情感障碍、战略相关性、政府和社会的约束等。

五是产业内公司生产能力的利用程度。设备的生产能力利用率越高,单位固定成本越低,产品的单位成本越低。如果产业内公司的生产能力利用率低,存货大量积压,产业内竞争就越发激烈。反之,产业内公司的注意力主要集中在生产管理上,市场上的竞争就缓和很多。

六是产业内高层战略管理者的特点。产业内各公司的高层战略管理者都有各自的特点,主要体现在战略、目标和文化等方面,对于市场竞争各自有不同的竞争规则、竞争理念和竞争行为。如果产业内的主要竞争者习惯采用价格战和广告战,那么市场的竞争就相当激烈;如果产业内的主要竞争者习惯采用差异化竞争、质量战和服务战,那么市场的竞争就相对缓和一些。

一般情况下,产业内现有公司的竞争在下列情况下会很激烈:产业内有众多的或势均力敌的竞争对手;顾客认为所有商品都是同质的;产业发展缓慢,处于成熟期或衰退期;产业进入壁垒低而退出壁垒高;产业中存在过剩的生产能力;产业内的高层战略管理者热衷于价格战和广告战。

②购买者的议价能力。理性的购买者,为了买到价廉物美的商品,通常会讨价还价。购买者能否降低购买成本取决于购买者的议价能力。购买者的议价能力取决于以下因素。

一是购买方的集中程度。如果购买方相对集中并且大量购买,则购买方的议价能力较强,如团购。

二是购买方的采购数量。如果购买方购买的商品占全部购买量的比重很大,则购买方对购买价格的要求就很高,此时购买商的议价能力相对就较强,如沃尔玛公司的集中采购。

三是购买方的转换成本高低。如果购买方的转换成本很低,购买方的议价能力就强，如购买方在小商品市场购买小商品。

四是购买方的信息。如果购买方掌握了销售方充足的信息，购买方议价能力就会大大加强，如掌握了销售方的成本、财务状况等。

五是购买方的后向一体化能力。如果购买方具备后向一体化能力，其议价能力就会大大加强，如钢铁公司的铁矿石采购。

六是替代品。如果购买方采购的商品存在较多的替代品，购买方的议价能力就大大加强，如家庭的洗涤用品采购。

七是购买方的价格敏感性。如果购买方对采购商品的价格不敏感，其议价能力就弱，如在高档酒店消费。

③供应者的议价能力。供应者是产业内公司生产经营所需投入品的提供者。理性的供应者，主要通过调整产品价格、质量或服务来影响产业内的竞争强度。产业内现有公司的供应者和购买者议价能力的强弱是此消彼长的。一般情况下，供应者的议价能力取决于以下因素。

一是供应者的集中程度。如果供应者集中程度很高，即原材料的供应完全由少数几家公司控制，而本产业集中程度却较差，产业内出现了几家公司供应产业内众多分散公司的局面，则供应者常常会在价格、质量和供应条件上对购买者施加较大的压力，如世界铁矿石供应集中在英国力拓集团、澳大利亚必和必拓公司和巴西淡水河谷集团。

二是替代品的替代威胁。如果产业内存在合适的众多替代品，即使供应者力量再大，其讨价还价的能力也会大受影响；如果产业内缺乏有效的替代品，购买者的转换成本就会加大。如洗涤用品的多样性，导致日化公司难以形成品牌优势。

三是供应者产品的差异化程度。如果产业内供应者的产品具有鲜明的特色，购买者很难找到合适的其他供应者，转换成本将很高，如家用空调电器公司的差异化竞争有效降低了家用空调市场的竞争强度。

四是批量对供应者的重要程度。如果产业内供应者的产品能在众多产业销售，而在某一产业销售所占份额不高时，供应者往往具有较强的议价能力。

五是供应者前向一体化的能力。如果产业内供应者有可能前向一体化，其自身的议价能力就会大为增强。反之，购买者越有后向一体化能力，则供应者的议价能力就会削弱。

④潜在进入者的进入威胁。马克思在《资本论》一书中提出：如果有10%的利润，资本就保证到处被使用；有20%的利润，资本就活跃起来；有50%的利润，资本就铤而走险；为了100%的利润，资本就敢践踏一切人间法律；

有 300% 的利润，资本就敢犯任何罪行，甚至冒绞首的危险。因此，当某一产业前景远大、有利可图时，会引来新的竞争者加入，使该产业增加新的生产能力，瓜分市场份额和主要资源，形成新的市场格局和利益版图。潜在进入者是否采取行动入侵某一产业，取决于以下因素。

一是进入壁垒高低。进入壁垒是指公司为进入某一新产业所要克服的困难或障碍。进入壁垒主要有政府政策、规模经济、产品差异、资本需求、转换成本、分销渠道、学习或经验经济、专利和专利技术、原材料来源、地理位置等。规模经济是指当经济活动处于一个比较大的规模时，能够以较低的单位成本进行生产。学习或经验经济是指由于通过学习累积经验而导致的单位成本减少。

二是对现有公司报复的预期。在正常情况下，潜在进入者会对产业内现有公司的竞争地位和盈利水平造成威胁，产业内现有公司势必会采取必要的措施和手段维护自己的优势地位。如果潜在进入者认为现有公司的报复将致使本公司无利可图，甚至陷入极为被动的处境，潜在进入者综合各种因素将会考虑放弃进入该产业的企图。现有公司的报复手段主要有两类：一是降低产品价格，促使整个产业维持在一个较低的价格水平上，使得新进入者无利可图；二是强行进入对手领域，造成"你中有我，我中有你"的竞争格局。

⑤替代品的替代威胁。替代品的替代可分为直接产品替代、间接产品替代两类。直接产品替代是指某一种产品直接取代另一种产品，如电子计算器取代算盘；间接产品替代是指能起到相同作用的产品非直接地取代另外一些产品，如煤炭、石油、天然气、电力等能源间的替代。产业竞争力分析所指的替代品威胁是间接产品替代威胁。替代品的替代威胁大小取决于以下因素。

一是替代品的性价比。所谓性价比，即产品的价值与产品功能和成本的比值。替代品能否替代现有产品，主要取决于两种产品的性价比的比较。如果替代品的性价比高于现有产品，则替代就成为必然，如数码相机取代胶卷相机；如果替代品的性价比等于现有产品，则替代品与现有产品共存，如汽车、火车、轮船、飞机等运输工具共存；如果替代品的性价比低于现有产品，则替代品很难与现有产品竞争，如电动汽车目前还难以取代燃油汽车。

总而言之，在市场竞争中，那些具有竞争优势的产品往往具有更高的价值。

二是购买者转换替代品的难度和成本。常见的转换成本有设备成本、员工培训成本、建立新供应关系的成本等。如果购买者转换成本较高，替代品供应者就必须提供某种特殊性能或降低价格来促使购买者脱离原有的供应商；如果购买者转换成本较低，替代品供应者说服购买者脱离原有的供应者转向购买替代品就要容易很多。

综上所述，替代品的价格越低、质量和性能越好、购买者的转换成本越低，替代品的替代威胁就越大；反之，就越小。

⑥互动互补品的作用力。大卫·亚非教授认为，任何一个产业内部都存在不同程度的互动互补（指互相配合起来使用）的产品或服务业务。如学区房、医区房、地铁房的价格明显偏高，主要就是配套的互动互补品因素的影响。互动互补作用力理论认为，在产业发展的初级阶段，公司在其经营战略定位时，可以考虑控制部分互补品的供应，这样有助于改善整个产业环境，包括提高产业、公司、产品、服务的整体形象，提高产业的进入壁垒，降低现有公司之间的竞争程度。随着产业的发展，公司应有意识地帮助和促进互补品行业的健康发展，如为中介代理行业提供培训、共享信息等，还可考虑采用捆绑式经营或交叉补贴销售等策略。因此，公司的战略管理者应认真识别具有战略意义的互动互补品，并采取适当的战略，控制、影响、利用互动互补品，将会提升公司的竞争优势和竞争地位。

（4）产业的吸引力分析

产业吸引力是指产业因其具有良好的经济性等原因，而对公司产生参与其中竞争的吸引能力。产业吸引力可以从以下十个方面进行分析：①产业所处的生命周期阶段，产业的增长潜力怎么样；②市场规模情况，市场增长率，市场需求的稳定性如何；③产业中战略群组的分布状况，产业的推动力及关键成功因素是哪些；④政治、法律、社会、技术等方面对产业发展的影响，产业技术的创新程度；⑤产业风险与不确定性程度的大小；⑥产业中六种竞争力量的态势；⑦产业规模经济和学习经济的大小情况，产品的差异化程度；⑧产业成本结构如何；⑨产业链各市场领域利润结构分布状况；⑩产业范围内的机会与威胁如何。

通过分析，如果发现一个产业的整体利润前景处于社会平均水平之上，那么就可认为该产业具有很好的吸引力；反之，则认为该产业缺乏吸引力。波特认为，产业吸引力分析所需资料可以从以下途径获取：产业分析的公开出版物、产业研究的文献、商业协会、相关的报纸杂志、政府信息库、相关公司的资料与文献、现场采集的第一手资料等。

3. 竞争环境分析

竞争环境是指公司所在行业及其竞争者的参与、竞争程度，它代表了公司市场成本及进入壁垒的高低。一般情况下，竞争环境主要从竞争对手和竞争对手结构（即战略群组）两个方面进行分析。

（1）竞争对手分析

竞争对手是指目前或将来有可能与公司战略定位相同或相似的产业内公司。公司界定的主要竞争对手不同，最终决定采取的主导战略就会有所不同。竞争对手根据其所处竞争地位的不同，可以分为四类——引领者、挑战者、追随者和补缺者。

众所周知，一个行之有效的战略必须建立在充分了解竞争对手战略的基础之上。分析竞争对手的主要目的是了解竞争对手当前的经营状况、可能会采取的战略行动及其在产业环境变化时可能采取的应对措施等。对竞争对手进行分析，主要分析以下内容：竞争对手的未来目标、竞争对手的假设、竞争对手的现行战略和竞争对手的能力。

（2）战略群组分析

战略群组是指某一个产业中在某一战略方面采用相同或相似战略，或具有相同战略特征的各公司组成的集团。战略群组的划分与分析具有非常重要的作用：①有助于很好地了解战略群组间的竞争状况，主动地发现近处和远处的竞争者，也可以很好地了解某一群体与其他群组间的不同；②有助于了解各战略群组之间的移动障碍（即一个群组转向另一个群组的障碍）；③有助于了解战略群组内公司竞争的主要着眼点；④利用战略群组图还可以预测市场变化或发现战略机会。

（二）公司经营的内部环境

公司内部环境是指有利于保证公司正常运行并实现公司利润目标的内部条件与内部氛围的总和。其主要是由公司经营资源、公司战略能力、公司核心能力构成。这三类因素相互联系、相互影响、相互作用，形成一个有机整体。公司内部环境的形成是一个从低级到高级、从简单到复杂的演化过程。公司内部环境管理的目标就是为提高公司竞争力、实现公司利润目标营造一个有利的内部条件与内部氛围。公司内部环境分析的目的在于掌握公司历史和目前的状况，明确公司所具有的优势和劣势，有助于公司制定有针对性的经营战略，有效地利用自身资源，发挥公司的优势，同时避免公司的劣势，或采取积极的态度改进公司的劣势。

1. 公司经营资源分析

公司经营资源指能够给公司带来竞争优势或劣势的任何要素，包括人力资源、财力资源、物力资源、组织资源和技术资源等公司的有形资源和无形资源。

公司所有的生产经营活动都依赖于公司的经营资源，只有将公司所有资源与公司战略目标紧密联系起来，公司的生产经营活动才能正常运行，公司才能取得竞争优势，获得最佳效益。

2. 公司战略能力分析

公司战略能力分析主要包括财务能力分析、营销能力分析、组织效能分析和公司文化分析。

（1）公司财务能力分析

评估一个公司的现实能力，首先要对公司的财务状况进行客观公正的分析。分析公司盈利能力的主要评估指标有资产报酬率、净资产收益率、每股收益率、销售毛利率等；分析公司偿债能力的评估指标有流动比率、速动比率、现金比率、资产负债率、产权比率、有形净值债务率和利息偿付倍数等；评估公司运营能力的指标有总资产周转率、固定资产周转率、流动资产周转率、应收账款周转率和存货周转率等。

（2）公司营销能力分析

公司营销能力可分为产品竞争能力、销售活动能力、新产品开发能力和市场决策能力。这四种能力相互联系、相互影响，共同影响公司的经营活动。

（3）组织效能分析

分析组织效能对于了解公司管理状况，更好地制定战略目标是非常重要的。良好的组织至少体现以下原则：有效性原则、统一指挥原则、合理管理层次与幅度原则、责权对等原则。

（4）公司文化分析

公司文化是公司在长期的实践活动中所形成的并且被公司成员所普遍认可和遵循的具有本公司特色的价值观念、思维方式、工作作风、行为准则等群体意识的总称。公司文化是随着公司的存在和发展而逐渐形成的。其确定了公司行为的标准和方式，是决定一个公司竞争力的最基本的要素之一。在分析公司文化时，要注意以下问题：一是文化特征；二是文化建设过程；三是文化与目标、战略的一致性；四是文化的适应性等。公司文化只有与公司外部环境和总体发展战略相协调，才能促进公司新的目标和新战略的制定和实施。否则，相关部门应分析其中存在的问题，重建公司文化。

3. 公司核心能力分析

公司核心能力是指居于核心地位并能产生竞争优势的要素作用力，具体来说是组织的集体学习能力和集体知识，尤其是如何协调各种生产技术以及如何将多种技术、市场趋势和开发活动相结合的知识。核心能力还包括关于组织的熟练协作和传递价值的知识，对跨越组织边界的工作进行沟通交流、参与创造以及承担责任。核心能力不会因为被使用而衰退。核心能力是将现行事业相互结合的黏合剂，也是新事业发展的发动机。通常对公司核心能力的评价标准有占有性、耐久性、转移性、复制性。

第二节　公司经营风险的构成

一、风险障碍

　　公司经营面临的情况很多，有的对公司经营不构成威胁，有的构成威胁。风险障碍是形成某一种公司经营风险、对公司经营构成威胁的风险状态、风险因素或风险情况。其是产生公司经营风险的条件和原因。形成公司经营风险的障碍不是单一的，往往是多方面的、综合性的，可以从不同角度加以分类。从形态上可以分为物的因素和人的因素。物的因素属于有形的情况和状态，如路上结冰、原材料的缺陷、汽车刹车系统失灵等。人的因素主要指道德、心理情况和状态，如欺诈、中伤、疏忽等。从性质上可分为自然因素（如火灾、洪水、地震等）和社会因素（如战争、经济政策等）。从范围上可分为公司内部因素（如管理不善、士气低落等）和公司外部因素（如价格变动、消费者需求变化、技术发展等）。此外，风险障碍还可以分为静态情况和动态情况等。

　　风险障碍有主次之分，有时是人的因素为主，有时是物的因素为主，有时是自然因素为主，有时是社会因素为主等。主要的风险障碍与次要的风险障碍，其地位由自身的演变而发生变化。当市场价格对公司产品的销售由不利变为有利时，若公司机器设备运行不良，产品产量和质量上不去，那么公司的风险障碍就由以外部因素为主转变为以内部因素为主。

二、风险事件

　　风险事件是风险障碍综合作用的结果，是产生风险损益的原因。风险事件的发生有两种状态：一种是一定会发生的事件，或称为必然事件，其特点是何时发生不确定，发生的情况、程度不确定；另一种是不知是否发生的事件，或称为意外事件，其特点是除了何时、发生的情况、程度不确定之外，是否发生也不确定。公司往往对这两种不同的风险事件采取不同的风险管理策略加以管理。

风险事件与风险障碍应加以区别。例如，某一员工消极怠工，当班生产产品的三分之一是废品。消极怠工是风险障碍，三分之一的废品是风险事件。不能把风险障碍当作风险事件，因为公司对两者有不同的处理方式。对风险障碍，公司需要事先采取措施回避、防范、排除。同时，创造、争取、抓住有利因素，避免不利事件的发生，降低不利事件发生影响的程度，或争取获得利益。对风险事件，主要是考虑公司的风险投入和风险损益，以便采取相应的对策，尽量减少损失或增加收益。

哲学观念认为原因与结果是可以相互转化的，某种事物的结果，又可能是另一事物的原因。经营者的无能（风险障碍）使公司倒闭（风险事件）。如果经营者的无能并非经营者不善管理，而是缺乏流动资本，使经营者无法指挥推动公司的经营活动，这样经营者的无能就成为风险事件，缺乏流动资本成为风险障碍。若公司资金周转不灵又是由于重要客户破产引起的，重要客户的破产这一风险事件，就成为导致公司倒闭的原因或风险障碍。因此，公司不能简单地看待风险障碍和风险事件，需认真、细致地加以分析，这样才有利于认清风险的本质，有利于进行风险管理。

三、风险损益

风险损益是风险事件的结果，风险事件是风险损益的原因。风险对公司的威胁主要是对于损失而言的。公司的风险损失有两种形态。一是直接损失，包括财产损失、收入损失、责任损失、费用损失等货币、实物损失。二是间接损失，如商业信誉、政治利益、社会利益，以及由直接损失引起的第二次损失等。直接损失可以计量和进行测算，间接损失难以计量，甚至无法预估。公司的风险损失形态还可以按照公司经营风险的分类加以划分，如纯粹损失和投机损失等。

风险障碍、风险事件、风险损失三者之间有紧密的联系，它们三位一体构成公司的经营风险。因此，公司对经营风险的管理不是只对其中之一进行管理，而是对三者进行统一管理，并把重点、精力放在风险障碍上，因为风险障碍是公司经营风险的起源。

第三节　公司经营风险的内涵及其存在原因

一、风险的概念、特点与分类

（一）风险的概念及特点

人们在日常生活中和各种经济活动中经常会提到"风险"一词。那么，究竟什么是风险呢？对于风险的定义，迄今为止国内外学术界众说纷纭，尚未得出一个各方一致认同的概念，经济学家、统计学家、社会学家、精算师、审计师、政治学家等对风险都有着不同的定义。

1. 风险的概念

（1）风险是损失机会和损失可能性

把风险定义为损失机会，这表明风险是一种面临损失的可能性状况，也表明风险是在一定状况下的概率。当损失机会（概率）是 0 时，就没有风险。把风险定义为损失可能性是对上述损失机会定义的一个变换形式，但损失可能性的定义意味着风险是损失事件的概率介于 0 和 1 之间，其更接近于风险是损失不确定性的定义。

（2）风险是损失的不确定性

把风险定义为损失的不确定性，这种不确定性又可分为客观的不确定性和主观的不确定性。客观的不确定性是实际结果与预期结果的离差，其可以使用统计学工具加以度量。主观的不确定性是个人对客观风险的评估，其同个人的知识、经验、精神和心理状态有关，不同的人面临相同的客观风险时会有不同的主观不确定性。

（3）风险是实际与预期结果的离差或概率

长期以来，统计学家把风险定义为实际结果与预期结果的离差。有的保险学者把风险定义为一个事件的实际结果偏离预期结果的客观概率。在这个定义中，风险不是损失概率，而是实际与预期结果的离差的变换形式。

（4）风险是一个事项将会发生，并给目标实现带来负面影响的可能性

这是全面风险管理框架的权威观点，其认为事项是源于内部或外部的影响目标实现的事故或事件。事项可能有负面影响，也可能有正面影响，或者两者兼而有之。

上述观点，虽然表述有所不同，但实际上均将风险同"不确定性"相联系。没有不确定性就没有风险。用"不确定性"来解释风险具有普遍的代表性，可

以将其作为理解风险概念的基础。

2. 风险的特点

（1）风险的偶然性

这是指风险的发生不是确定的、必然的，而是带有偶然性的。风险对影响目标而言，可能有也可能无，可能大也可能小，可能好也可能坏等，都具有偶然性。

从整个社会来看，风险事件的发生可能是必然的，如天灾、车祸、地震等，在什么时间，什么地点，怎样发生，因主客观条件变化，又不具有必然性，而是偶然的、不确定的。风险的偶然性是由风险事故的随机性决定的，其表现为种种不确定性。

其一，风险事件发生与否具有偶然性。如火灾，就整个社会而言，火灾一定会发生，所以要准备消防设备、提高防火意识。但具体到某一公司、单位，或某一个家庭，就具有偶然性。

其二，风险事件何时发生也具有偶然性。如公司会因为突发事件而导致倒闭。

其三，风险事件怎样发生，对目标影响多大，也具有偶然性。例如，车祸的发生，尽管司机做了应对各种车祸发生的充分准备，但有时偶然也会降临，这与当时的主客观条件有关，有时是一种外生的强加于人的风险事故。所以某一具体风险事件是否发生，也具有偶然性。

（2）风险的客观性

风险是一种不以人的意志为转移，独立于人的意识之外的客观存在。因为无论是自然界的物质运动，还是社会发展的规律都是由事物的内部因素所决定的，由超过人们主观意识所存在的客观规律所决定。人们只能在一定的时间和空间内改变风险存在和发生的条件，降低风险发生的频率和损失程度。但是，从总体上看，风险是不可能被彻底消除的。正是风险的客观存在，决定了各类风险管理制度、措施存在的必要性。

（3）风险的可变性

所谓可变性是指世上万事万物都处在变化之中，风险更是如此。风险的变化既有量的增减，也有质的改变；既可能向有利于目标实现的方面变化，也可能向不利于目标实现的方面变化；原有的风险可能消亡了，而新的风险又可能产生，而且随着外部环境和内部条件的变化，随时在变化。变是绝对的，不变才是相对的，一切风险都在变，没有不变化的风险。但是，"变"都是在一定条件下的变。不具备一定的条件，风险也不会发生变化。

（4）风险的可测定性

个别风险的发生是偶然的、不可预知的，但通过对大量风险的观察会发现，风险往往呈现出明显的规律性。根据以往大量资料，利用概率论和数理统计的方法可测算风险事件发生的概率及其损失程度，并且可构造出损失分布的模型，成为风险估测的基础。例如，在人寿保险中，根据精算原理，利用对各年龄段人群的长期观察得到的大量死亡记录，就可以测算各个年龄段人的死亡率，进而计算人寿保险的保险费率。

（二）风险的分类

对风险的分类可以为风险的识别和管理提供不同的管理思路。对风险可以从不同的角度进行分类，一般来说，风险有以下几种类型。

1. 按损失产生的原因分类

按损失产生的原因不同，风险可分为自然风险和人为风险。

自然风险指的是由于自然界不可抗力而引起的自然灾害所导致的物质损失和人员伤亡，如台风、洪水、地震等。

人为风险是由人们的行为及各种政治、经济活动引起的风险。人为风险又可以具体分为行为风险、经济风险、政治风险和技术风险。

2. 按风险的性质分类

按风险的性质不同，风险可分为纯粹风险和投机风险。

纯粹风险是指只可能造成损失而无获利可能的风险，如火灾、洪水等。一般而言，纯粹风险事件会重复出现，通常服从大数定律，因而较有可能对其进行预测。

投机风险是指既可能造成损失也可能产生收益的风险，其可能是与资产或商业行为有关的风险，也可能是与资本或金融有关的风险。投机风险所致结果有三种可能——损失、无损失和获利。例如，股票市场的变化既可使持股者获得盈利，也可能给持股者带来损失。投机风险较为多变和不规则，大数定律常常对它不适用。

3. 按损失的环境分类

按损失的环境不同，风险可分为静态风险和动态风险。

静态风险是由于自然力变动或人的行为失常所引起的风险，如台风、盗窃。对当事人而言，静态风险有的可以回避，有的则不可回避。如不乘飞机的人不会有空难的风险，但像地震、疾病这类风险则无法回避，因为总有发生这类风险事件的可能。在静态风险面前，人们往往处于较为被动的地位。例如，人们可以对地震进行预测，但无法阻止它发生，人们所能做的只是尽可能地将损失减少到最低限度。静态风险只会给人们带来损失，因此静态风险就是纯粹风险。

动态风险是由于市场、需求、技术、组织结构、生产方式发生变化而导致的风险，如产品库存积压、经营不善、市场疲软等。对经济单位来说，动态风险一般是可以回避的，在其面前人们往往处于较为主动的地位。

4. 按风险的对象分类

按风险的对象不同，风险可分为财产风险、人身风险和责任风险。

财产风险是指财产风险损失承担者遭受的财产发生损毁、灭失和贬值的风险，如厂房、设备、住宅、家具遭受自然灾害或因为事故所造成的损失。

人身风险是指人们因生、老、病、死、伤残等原因导致经济损失的风险。

责任风险是指个人或团体的行为因侵权或违约致使他人遭受人身伤亡或财产损失而应负赔偿责任的风险。

5. 按人的承受能力分类

按人的承受能力不同，风险可分为可接受风险和不可接受风险。

可接受风险是指预期的风险事故的最大损失程度在单位或个人经济能力和心理承受能力的最大限度之内。

不可接受风险是指预期的风险事故的最大损失程度已经超过了单位或个人经济能力和心理承受能力的最大限度。

6. 按风险形成的原因分类

按风险形成的原因不同，风险可分为主观风险和客观风险。

主观风险是由人们心理意识确定的风险。

客观风险是客观存在的、可观察到的、可测量的风险。

7. 按风险波及的范围分类

按风险波及的范围不同，风险可分为局部风险和全局风险。

局部风险是指在某一局部范围内存在的风险。

全局风险是一种涉及全局的、涉及面很大的风险。

8. 按风险的可控程度分类

按风险的可控程度不同，风险可分为可控风险和不可控风险。

可控风险是指人们能比较清楚地确定形成风险的原因和条件，能采取相应措施控制发生的风险。

不可控风险是指由于不可抗力而形成的风险，人们不能确定这种风险形成的原因和条件，表现为束手无策或无力控制。

9.按风险存在的方式分类

按风险存在的方式不同，风险可分为潜在风险、延缓风险和突发风险。

潜在风险是指一种已经存在风险事故发生的可能性，且人们已经估计到损失程度与发生范围的风险。

延缓风险是指一种由于有利条件增强而抑制或改变了风险事故发生的风险。

突发风险是指由偶然发生的事件引起的人们事先没有预料到的风险。

二、公司经营风险的内涵

公司经营风险指与公司经营有关联的，未来可能发生的并会给公司造成损失或带来利益的事件。未来事件的发生要与公司经营构成某种联系，对公司的经营才能形成某种风险，如果没有联系，就不构成某种风险。一个不参与国际经营的公司，它就不会有国际经营的政治风险、外汇风险等。由于未来事件的发生与公司经营有某种联系，因此，风险会给公司利益、生存与发展造成威胁，会给公司经营造成某些损失。未来事件是由多种因素的相互作用形成的，因此，未来事件发生与否是不确定的。其不确定性、变动性越大，风险越大。

人们往往把风险与不确定性相混淆，认为风险是"一种不确定性"。实际上两者截然不同。不确定性是指风险因素、未来事件发生的概率，它表示某种事件形成或产生的程度、概率的大小。其往往是运用已有资料对未来概率的计算、推导，或主观判断，并不是事件、风险本身。不能本末倒置，离开事件、结果去谈不确定性。

三、公司经营风险形成的原因

（一）公司内部形成的经营风险

由于构成公司的最基本要素是人、财、物和信息，公司所面临的风险可以分成以下几方面。①来自人的风险，如人力资源流失的风险，主要包括关键岗位或关键技术人员的流失。②来自财务的风险，即与公司筹资、融资以及经营现金流等相关的各类风险。③来自物的风险，即公司的产品生产或销售的风险、物流体系的风险、设备运行和工艺风险等。④来自信息的风险，公司的经营决策，离不开对各种信息的有效处理。而公司的成功经营，离不开这四种要素有效的流动。四种基本要素也构成了公司的全部资源。而四种要素中任何一种风险，都可能会导致公司经营陷入危机。一些公司管理者急于求成，在自身财力匮乏的情况下，多头举债融资办事，往往半途而废，项目失败后形成巨大的债务负担。有些公司盲目为其他一些经营不善的公司提供担保，一旦担保对象无力偿还，公司将附有连带责任，造成巨额损失。

（二）公司外部形成的经营风险

在经济进入全球化的今天，公司所处的环境并非静态的、封闭的，而是动态的和开放的。公司的外部环境分为政治经济环境、社会文化环境、技术环境以及人口环境。首先，公司作为宏观经济的微观基础，必然会受到宏观经济的影响。其次，社会文化环境改变，对公司也会产生很大的影响。文化环境的改变，通常会影响公司的市场环境，且有着极强的渗透性。结合我国公司经营的自身特征，将我国公司经营面临的文化风险归类为精神文化风险、行为文化风险、制度文化风险和物质文化风险四个方面，并在分析各种风险的影响因素的基础上，初步建立评估指标体系。作为公司经营者，应该时刻关注公司外部与自身相关的各种新技术的变化，我们称之为技术风险。最后，就是人口要素变化构成的风险。人口的变化，通常会影响消费者的构成。

四、风险对现代公司经营的影响

如此充满风险的外部环境，对于公司的经营方式产生了巨大的影响，风险管理已成为现代公司经营管理不可缺少的重要组成部分。风险对现代公司的重大影响具体表现在以下几个方面。

（一）增加了决策难度

现代公司在经营决策中，面临着比以往任何时期都多得多的风险和不确定性。众多的风险因素，使得决策变量的数目骤然增加，也使其更加难以准确预测。然而，世界是在各类因素的相互作用中运转的。

在预期和博弈机制的作用下，预测和预防本身也构成了风险发展的一个因素。预测和防范风险永远是公司决策中的重大难题。

（二）增加了营业成本

为了避免风险所引起的各种波动对公司经营产生不利影响，跨国公司不得不投入大量的人力、物力、财力和精力，设置专门的部门，并进行深入的研究，以期能够及时、准确地预测各种风险。此外，公司还要采取多种措施对其财产、人员和业务实施保护，如参与期货与期权市场等。总之，对于风险的了解、决策、防范等工作，占用了公司大量的资源，增加了营业的成本。

（三）增加了潜在损失的可能

在公司的经营过程中，会不可避免地遇到各种损失，这是自公司产生起就始终存在的规律。公司经营者就是愿意承担风险，并在风险经营中获取报酬的。然而，今天的公司所面临的风险早已远非亚当·斯密时代可比。在公司的经营决策中，风险因素繁多，给公司造成损失的可能性也随之加大。经理们不但要考虑国内的因素，还要考虑国际的因素；不但要考虑实际经济因素还要考虑货币经济因素；不但要考虑即期的因素，还要考虑远期的因素；不但要考虑收益的损失，还要考虑财产和人员的损失等。

五、现代公司的风险管理条件和环境

（一）管理层的重视

公司管理层要对风险有深刻的认识和充分的重视，这是公司成功实施风险管理的必要前提。公司的各级经理应深刻理解公司所处的环境中各种不确定性因素对公司的风险含义，把风险作为重要的决策变量并将其纳入业绩评估体系中。公司管理层要树立正确的风险意识，既要勇于承担风险，又要善于防范风险，始终把风险思维贯穿于公司资本、资产经营的全过程中。只有管理层充分重视风险及其防范工作，公司才有可能在各种经营活动中，动员全部力量，在充满风险的条件下，保证公司的收益和价值。

（二）资源保证

由于在现代社会中，风险因素纷繁芜杂，并且时刻在波动变化，因此，现代公司的风险管理是一项非常复杂而困难的工作。为了有效地预测和防范风险，实现风险控制的目标，公司必须给风险管理以资源上的保证。这种保证包括三方面的内容。首先，是机构上的保证。公司必须建立专门的风险管理部门，负责对各种风险的研究、评估、预测，并提出防范方案。该部门应与财务、投资等部门平级，全面统筹安排公司的风险控制活动。或者也可以在各部门下设风险管理机构，负责本部门风险管理方面的工作。其次，是人才上的保证。风险管理是一项复杂、困难但意义重大的工作，必须由那些具有扎实的理论基础、丰富的实践经验、良好的个人素质（如敏感、果断等）和高度的责任感的优秀人才来从事。同时，公司还要对他们进行不断的培养。最后，是物质上的保证。现代社会瞬息万变，各种机会可能会稍纵即逝，现象与本质的背离越发显著。为了掌握充分的信息，分辨事物的真实面目，并对各种信息进行快速有效的处理，得出正确的结论，公司必须为风险管理部门提供资料、通信、信息处理、实地考察等方面的现代化的物质条件。

（三）管理决策原则

在现代公司的决策过程中，仍然要坚持"成本—收益原则"，但是要将其扩展为"风险—收益原则"。这就是说，现代公司要根据风险与收益的正相关关系，在确定收益条件下，来控制风险，并在确定风险条件下，要求相应的风险报酬。同时，在风险管理工作中，注意风险评估和防范的成本与防范风险所能得到的收益（或减少的损失）之间的比较，若前者高于后者，则应放弃风险管理。公司的任何重大决策，如投资、大额国际贸易、贷款等，都要有风险管理部门的参与，因此该部门的意见应作为决策的重要依据而加以考虑，而且对于风险过大的项目，该部门应具有否决权。

（四）风险防范工具的发展

由于政治经济环境中的不确定因素大量增加，金融风险发生的可能性及其造成的损失远远超过了以往任何一个时期。因此，学术界对风险的研究也大大加强了，各种风险理论应运而生。人们对于风险本质来源的认识逐步深入。最具影响力的当属由托宾创立、马科维茨发展的资产选择理论。

在实践中，人们运用风险理论的原理，根据不同的需要，创造出了丰富多彩的风险防范工具。这些工具在短短的几十年里得到巨大的发展，已成为银行、公司甚至个人投资者从事经营投资活动时不可或缺的手段。在众多的风险防范工具中，使用最普遍的有远期合约、期货合约、互换交易、期权合约和保险等。

远期合约是一种最简单的衍生工具，远期合约的买卖双方分别许诺在将来某一特定时间购买或提供某种商品。买方处于多头地位，而卖方处于空头地位。其特征在于，虽然实物交割在未来进行，但是交割价格已在合约签定时就确定了。根据合约的基础资产不同，可以将其分为远期外汇合约和远期商品合约等，在实践中以前者为主。

期货合约也是买卖双方就未来以某种价格交易某种商品或资产而签订的协议。其与远期合约的区别在于，期货合约是一种标准化的远期交易方式。在期货合约中，交易的品种、规格、数量、交割地点等都已经标准化了，唯一可以变动的就是价格。根据基础资产不同，我们可将期货合约分为商品期货和金融期货，它们分别指以商品和金融产品为基础资产的期货合约。

互换交易是指买卖双方通过远期合约的形式约定在未来某一段时间内交换一系列的货币流量。被交换的货币流量可以是固定的，也可以是按照基础资产价格的波动而调整的。按照基础资产的种类，互换交易可以分为利率互换、货币互换、商品互换和股权互换等。

期权合约与远期合约、期货合约有显著的不同，即它赋予合约持有人一种选择权，而非强制性的义务。期权合约可以分为两类——看涨期权和看跌期权。前者赋予合约持有人在未来某时以事先确定的价格购买基础资产的权利，而后者赋予合约持有人以约定的价格出售基础资产的权利。期权也可以分为商品期权和金融期权。

保险就是指投保人对标的物支付一定的保险金，从而获得保险人对该标的物在一定条件下的特定损失给予相应赔偿的权利。

第二章　公司经营风险管理综述

随着市场之间的竞争压力越来越大，公司的经营风险已经成为当前公司面临的主要发展问题。为了使公司不但能够应对瞬息万变的市场环境，还能长远可持续经营，这就需要公司在经营过程中，及时调整经营管理战略和经营发展方向，采取正确、高效的经营方式，避免经营风险的产生。本章分为公司风险管理的演进、公司经营风险管理的意义、公司经营风险管理的方法与程序三部分。本章主要内容包括风险管理的发展历程、公司风险管理的发展阶段、公司经营风险管理的基本方法等方面。

第一节　公司风险管理的演进

一、风险管理的发展历程

风险管理作为系统科学产生于 20 世纪初的西方工业化国家。问题的提出最先起源于 20 世纪第一次世界大战后的德国，德国人为了重建德国提出了风险管理的概念。

1931 年美国管理协会首先倡导风险管理，并在以后的若干年里，以学术会议及研究班等多种形式集中探讨和研究风险管理问题。自此，对风险管理问题的理论探讨和一些大公司的初步实践逐步展开。然而，风险管理问题在美国工商企业中引起足够重视并得到推广则是 20 世纪 50 年代后的事。

1963 年，美国出版的《企业的风险管理》一书，引起了欧美各国的普遍重视。此后，人们对风险管理的研究逐步趋向系统化、专门化，使风险管理逐步成为一门独立的学科。

随着各国对风险管理的重视，在西方发达国家，各公司都相继建立了风险管理机构，专门负责风险分析和处理方面的工作。美国还建立了全美范围内的风险研究所和美国风险管理协会等专门研究公司风险管理的学术团体。风险管理协会的建立和风险管理教育的普及，表明风险管理已经渗透到社会各个领域。美国的风险与保险管理协会（RIMS）和美国风险与保险协会（ARIS）是美国最重要的两个风险管理协会。

1978年，日本风险管理协会（JRMS）成立。英国建立了工商企业风险管理与保险协会（AIRMIC）。风险管理方面的课程及论著数量大增，协会的活动为风险管理在工商企业界推广、风险管理教育的普及和人才培养等诸多方面做出了突出的贡献，促进了全球性风险管理运动的发展。

1983年，在美国风险与保险管理协会年会上，云集纽约的各国专家学者讨论并通过了"101条风险管理准则"，并将其作为各国风险管理的一般原则，这标志着风险管理已经达到了新的水平。

1986年10月，在新加坡召开的风险管理国际学术讨论表明，风险管理运动已经走向全球，成为全球范围内的国际性运动。

进入21世纪，企业风险管理已形成了特定的概念，它来自美国反虚假财务报告委员会发起人机构（简称COSO委员会）于2004年9月发布的《企业风险管理——整合框架》。该文系统地为现代企业管理当局（包括董事会、管理层执行部门和其他员工）提供了一个以内部控制为基础的具有指导意义的逻辑框架，运用于公司战略的多层面、流程化的风险管理过程。它为公司实现经营目标提供了有效的保证。除此之外，国际标准化组织发布的《ISO 31000风险管理标准》，也为公司风险管理提供了一整套行之有效的标准化流程。

二、公司风险管理的发展阶段

人类应对风险的实践活动自古至今一刻也没有停止过。随着人类社会发展进程和人类面临的风险不断发展变化，人们防范风险的意识也在不断提高，应对风险的办法也日益增多。到20世纪中叶，在美国，风险管理作为一门系统的管理学科被提出，随后形成了近乎全球性的风险管理活动。这是社会生产力和科学技术发展到一定阶段的产物，标志着现代风险管理时代的到来。公司风险管理经过了四个阶段，即安全生产阶段、保险阶段、资本结构优化阶段、公司全面风险管理阶段。

（一）安全生产阶段

早在20世纪50年代以前，亨利·法约尔就已经认识到风险管理的重要性。1961年他将工业活动分为六项功能，其中就包括一项叫作安全的功能，这可以说是公司风险管理的雏形。这项功能的目的是保障财产和人员不受以下事件的伤害：偷窃、火灾、罢工和洪涝，以及一切可能威胁一家公司的生存和发展的事件。此功能一般包括保障事业安全的措施，保证工作人员能安心工作。

（二）保险阶段

20 世纪 50 年代中期，美国出现了"风险管理"这个术语，学术界也开始关注风险管理。最早的文献之一是加拉格尔于 1956 年发表于《哈佛商业评论》的一篇文章。在此论文中，作者提出了一个在当时具有革命性意义的观点。在他看来，组织中应该有专门负责管理纯粹风险的人，即在一定程度上应将风险转交给专门人员处理，在大公司里，这样的人应该被称为全职风险经理。当时，一些大公司已经有诸如保险经理这样的职位，这个职位通常需要确定和维护公司利益而购买一揽子保险单。随着公司规模的扩大，保险购买职能就逐渐成为公司内部一项具体工作。1931 年美国管理协会建立了保险分会，目的是便于成员之间交换信息，并发布有关全体保险购买者利益的信息。1932 年纽约保险购买者协会成立。1950 年，美国保险购买者协会成立，后来成为美国保险管理协会。

（三）资本结构优化阶段

在有了较多的管理科学知识和工具，如运筹学、计量经济学、统计学以后，学术界不仅开始怀疑传统理论赋予保险的中心作用，也开始发展一些理论来支持这一观点。

一些公司用资产组合理论作为指导，来分散公司在投资中所面临的风险。组合理论主要是说如果把钱投资于一个资产组合就可以有效降低风险，也就是人们通常所说的"不要把鸡蛋放在一个篮子里"。

（四）公司全面风险管理阶段

到了 20 世纪 80 年代后期，人们不仅希望预防风险损失，还想从风险管理中获得利益，以风险为基础的资源配置与绩效考核便应运而生，这样使经济损失尽量降到最小。特别是 2008 年全球性金融危机以来，公司面临的风险越来越多，风险的影响也越来越大，而且风险影响的严重性和影响频率也提高了。风险管理的流程和程序的缺陷，造成了多起巨大的金融损失和许多公司的倒闭。造成以上失败的原因主要是风险管理不够全面。此时全面公司风险管理开始进入公众视野。

全面风险管理就是董事会及经理阶层在实现未来战略目标的过程中，将市场不确定因素产生的影响控制在可接受范围内的过程和系统方法。全面风险管理是管理当局建立的风险管理制度，是对公司生产经营和财务报告产生过程的控制，属于内部管理层面的问题。传统的风险管理注重风险的来源。其认为不同来源的风险应该由不同部门采取不同方法分别处理，而部门之间的沟通和合作非常少，这种风险管理方式被称为"竖井式"管理方式。普拉卡什·A. 希马皮在其风险管理巨著《整合公司风险管理》中非常形象地描述了传统风险管理方式的缺陷："风险就像一头大象，传统的风险管理就像盲人摸象。虽然每个人都摸对了一部分，但总体上来讲还是错的。"全面风险管理冲破了传统风险管理对风险的狭隘理解，把风险看作一个整体加以考虑，研究和解决的是公司整体的风险暴露和对公司的整体影响，其核心理念是从公司整体的角度，对整个机构内部各个层次的业务单位和业务环节的各个种类的风险进行通盘管理。因此，现代化的全面风险管理要求一切风险管理活动都要围绕公司价值最大化这个目标，公司的风险管理活动和投资活动要结合起来考虑，同时还要考虑新的投资机会对公司原有资本结构的影响，对公司整体风险的影响，从而决定采取什么样的风险管理策略。现代化的全面风险管理利用先进的技术手段来估计公司整体风险敞口。对于该整体风险的可交易部分（流动性高）进行套期保值，对于不可交易部分（缺乏流动性）则采取风险控制的方法从项目选择初期就加以考虑，只选择那些风险回报超过该项目对整体风险的贡献因素的投资机会。现代化的全面风险管理要求公司上下使用一套统一的风险政策和风险语言，由独立的风险管理部门向董事会提交关于公司整体风险敞口的有用信息，而不是各个部门的风险暴露信息，因此不会造成关键资源的浪费和重要风险的遗漏。

第二节　公司经营风险管理的意义

一、有助于公司做出合理决策

（一）有助于约束公司扩张的冲动

公司作为市场的参与者，必须在风险和收益之间做出理智的权衡，从而避免将社会资源投入重大风险、缺乏可行性的项目中。风险管理对市场参加者的行为起着警示和约束作用。

（二）有助于公司把握市场机遇

通常，市场风险大都是双向的，既存在可能的风险损失，也存在可能的风险收益。因此，市场上时刻都有大量风险的客观存在，同时也带来新的机遇。如果公司能够洞察市场供求状况及影响市场的各种因素，预见市场的变化趋势，采取有效、科学的措施控制和防范风险，还能果断决策、把握机遇，就有可能获得可观的收益。

二、有助于降低公司效益的波动

风险管理的目标之一是降低公司收益和市值对外部变量的敏感性。例如，市场风险管理比较完善的公司，其股票价格就可以显示出较低的敏感性，不至于因为整体市场价格下跌，其股价市值就大幅度波动。手中持有外汇资产或负债的公司，如果在风险管理方面做得比较出色，就可以显示出其外汇资产的价值、收益或负债成本对市场汇率变动较低的敏感性，这些都是由实证得出的结论。总之，受到利率、汇率、能源价格和其他市场变量的影响，公司通过风险管理能更好地控制收益波动。

三、有助于增加公司机构效率

大多数公司都拥有风险管理和公司监督职能部门，如财务风险部等。此外，有的公司还有特别风险管理单位。例如，投资银行通常有市场风险管理单位，而能源公司则有商品风险管理经理。风险总监的任命和公司全面风险管理职能部门的设立为各部门有效地开展工作提供了自上而下的必要协调。一个综合团队可以更好地处理的，不仅是公司面临的各个单独的风险，也应包括由这些风险之间错综复杂的关系构成的风险组合。

此外，随着市场体系和各种制度建设的日益完善，公司进行风险管理的社会压力也日益增加。直接的压力来自有影响的权益方，如股东、雇员、评级机构、市场分析家和监管机构等。他们都期望收益更有可预测性，以避免和控制自己的风险，并使其减少对市场的破坏性。最近几年，随着经济计量技术和计算机模拟技术的迅速发展，基于波动率的模型如风险价值模型和风险调整资产收益率模型，已经用来计量公司面临的各种市场风险，而且这一应用现在正在推广到信用风险及运营风险的计量中。

第三节　公司经营风险管理的方法与程序

一、公司经营风险管理的基本方法

公司经营风险管理的基本方法主要有两个：一个是控制法；一个是财务法。

控制法就是在损失发生之前，通过各种管理和组织手段，力求消除各种风险隐患，减少导致风险发生的因素，将可能发生的损失降到最低。

财务法一般是事后的风险管理。所谓财务法就是如果风险事先发生了，已经造成了损失，公司如何利用各种财务工具，尽量地保障公司生产、运营能够正常进行，或者使公司能够在短时间内恢复正常的生产和经营秩序，对损失的后果给予补偿。比如，有风险自保资金、准备金、商业保险等事后风险防范措施。财务法主要是用财务工具来尽快地恢复正常的生产和经营秩序。

（一）风险管理控制法

风险控制主要包括两个方面：一是避免风险；二是排除风险。

1.避免风险

避免风险是指放弃或者拒绝可能导致比较大风险的经营活动或方案。其实公司经常在自觉或不自觉地使用这个方法。比如，公司如果觉得某个投资项目、经营决策风险太大，就可能自然放弃，不去从事这个项目或者不去从事这个经营活动，这就叫避免。避免是一种被动的、消极的风险控制方法。避免风险是在风险事件发生之前，采用回避的方法完全彻底地消除某一特定风险可能造成的损失，而不是仅仅减少损失发生的可能性和影响程度，因而它的优点是比较彻底、干净利落。

避免风险的一个基本方法是终止某些现有的高风险的产品、服务的生产和新产品、新服务的引进，暂停正在进行的经营活动，挑选更合适的经营业务、经营环境。例如，保险公司可采取此方法来取舍特定的保险产品。如果有的保险品种风险过高，经常有客户索赔，而且可能存在恶意欺诈，从而导致该保险产品入不敷出，那么保险公司就有可能考虑终止这种产品的销售。又如，这些年美国的烟草公司时常陷入烟民的官司纠纷，承担巨额索赔，因而许多较小的烟草公司纷纷未雨绸缪，转向转基因产品等，这就是避免风险。避免风险的另一个基本方法是改变生产活动的工作方法和工作地点等。例如，化工厂以惰性溶剂取代易燃易爆溶剂，可以避免潜在的爆炸的风险。

避免风险的方法有很大的局限性：一是人们难以对风险事件的具体状况做

出十分准确的估计，不能确定风险事件是否应该实施避免；二是即使有很大的风险，人们依然不愿放弃该风险事件可能取得的盈利，所以，避免风险是一种消极的处理方式；三是风险避免在实践中很难完全实现。其实公司从事经营活动，风险是难免的，对于一些高风险的项目，公司可以采取避免法，但是对于绝大多数的经营决策，不能都采取避免法。因为避免风险的同时，也意味着损失了公司的利润。只要公司有经营活动，就不能完全避免风险。只是对于部分项目、部分经营活动来说，因为其风险相对较高，公司可以采取简单的避免方法，主动放弃经营。

2. 排除风险

排除风险指在损失发生前，尽量消除损失可能发生的根源，减少损失发生的可能性，减少损失事件发生的概率。在风险事件发生后，降低损失的程度。

排除法的基本点在于遏制风险因素和减少风险损失，是风险管理中最积极主动也是最常用的处理方法，这种方法可以突破风险避免方法的种种局限。在这个过程之中，公司并不放弃某一项特定的方案和战略等，而是把它们可能带来的风险发生的可能性降到最低，把风险发生之后可能带来的问题减到最少，这样既不会损害公司的利润，又可以很好地规避风险。

排除风险一般要经过以下阶段：分析风险因素、选择控制工具、实施控制技术、对控制的后果进行评估等。分析风险因素是研究可能引发风险的因素，从而从源头对风险进行治理；选择控制工具是从技术层面选择风险控制的方法和手段；实施控制技术则包括在人、财、物各方面进行控制，是风险控制的执行阶段；对控制的后果进行评估则是为了总结经验教训，进一步改进风险控制工作。

通常来说，排除风险措施主要有以下几种。

①调查措施，是指详细了解过去风险损失和经营事故发生的原因。调查和分析是风险管理的有效措施。调查事故和损失的原因，其实就是对前车之鉴的一个总结，目的是为公司的风险控制、为公司决策提供一个科学的依据。

②损失防范措施，是指降低损失发生频率的措施。损失防范是一个贯穿于生产经营全过程的系统活动，在排除风险以至于风险管理整体工作中有十分重要的意义。控制法是一个避免风险的方法，完全避免了风险；排除法仍然要承担一部分的风险，它是对风险进行排除、控制，减少风险发生的概率，减少风险带来的负面影响。

③减少损失的措施，是指损失发生后采取各种控制措施，以降低损失的程

度并缩小损失的范围,尽可能保护受损财产。在公司风险管理过程中,减少损失还应包括为应对实际的损失而制订的应急防范计划。该计划包括抢救措施及公司在发生损失后如何继续进行各种业务活动的措施,旨在尽力减少组织的财产损失,这其实也是一种事后管理。

(二)风险管理财务法

许多风险是不可避免且其损失是事前难以预测的。因而当出现相当数量的损失后果时,如何有效地利用各种财务工具,及时地提供经济补偿,是风险管理的重要方法。一旦发生风险事件,并导致相当数量的损失出现时,我们如何稳妥地善后或减少财务损失带来的影响,便成了风险管理的重要课题之一。我们通常用各种财务工具和手段来减轻或化解潜在风险事件所带来的经济损失。风险管理的财务手段包括风险自留、风险转移、风险对冲等。

1. 风险自留

风险自留即自担风险,是一种由公司自行设立基金,自行承担风险损失发生后财务后果的处理方式。采用风险自留方式需具备以下三个条件。

①公司的财务能力足以承担由风险可能造成的最坏后果,一旦损失发生,公司有充分的准备去弥补财务上的损失,不会使公司的生产活动受到很大影响。

②损失额可以直接预测,即对风险标的致损以及可能的后果有较大的可预见性。如果公司无法预测损失可能发生的额度,那也就无法有效地使用风险财务工具。风险发生之后公司可能还是无法进行正常的生产经营活动,这就是一种盲目的冒险行为。

③在风险管理过程中无其他更好的处理方式可以选择。也就是说,即便公司有承担自留风险的能力,也未必是一种最好的方式。

2. 风险转移

风险转移指公司将其损失有意识地转给与其有相互经济利益关系的另一方承担,通常是因为另一方更有承担该风险的能力和意愿。在现代市场经济中,风险转移并不是一种不道德的或者是违法的行为。相反,其不仅是公司防范风险的合法手段,也是公司进行风险管理工作的重要手段。购买保险是一种最为普遍的风险转移行为。例如,汽车保险的第三者责任险,肇事者的车撞了人,保险公司却来从事赔偿工作,就是一种典型的风险转移。又如,金融市场上的期货交易,也可以作为风险转移的方法。再如,生产咖啡的农民,春天事先和厂家签订一份收购协议,约定等9月份咖啡生产出来的时候,厂商从他这里收购 100 吨，每吨 3000 元钱。根据协议，农民出产咖啡的利益是可以得到保障的，这样他的风险就降低了。事实上，农民把咖啡价格可能会下降的风险转移给了厂商，而厂商把咖啡价格可能会上升的风险转移给了农民。粗略来看，这对双方都是公平的，因而风险转移不一定是一个贬义的概念。

转移一般有两种方式：一是将可能遭受损失的财产转移出去，并避免可能会引起风险及损失的活动；二是将风险及其损失的财务结果转移出去，而不转移财产本身，在进行风险转移的同时必须付出一定的代价。比如，将贵重物品交给专门机构负责保管，将高风险的生产经营活动外包等，都可起到转移风险的作用。

在财务结果转移方式中，保险是最重要也是最常见的形式。其他财务结果转移的方式称为非保险型风险转移，这里值得一提的是通过银行来分散风险的方式。银行投资和证券投资具有很大的区别，证券投资可以选择不同的投资工具使风险分散，并且是很大程度的分散。银行经营活动不具有这种弹性，很多银行在某个地区经营，基本上只对这个地区的客户贷款，这样风险比较集中，就违背了分散风险的原理，实际上也就增加了银行从事信贷投资的风险。

3. 风险对冲

对冲在资本市场和金融市场上很常见，就是用现代的金融工具、金融衍生工具等调换的手段来降低风险。

我们把股票、债券、大额存单等叫作金融工具，把期权、期货等叫作金融衍生工具。顾名思义，金融衍生工具就是在基本金融工具基础上衍生或派生出来的工具。期货在现代公司风险管理中的应用非常广泛。比如，石油开采公司为了保证 3 个月后或者 5 个月后石油的价格稳定，可以做石油的空头，使石油按照某个固定的价格卖出去；而炼油厂为了保证几个月后可以通过这个稳定的价格买进石油，就做石油的多头，使石油按照某个固定的价格买进来。

期权的使用也很广泛，就是花钱买进某种行使权，到时候可以将手中的股票或者外汇以某种固定价格卖出去。一个典型的例子是跨国公司的收入问题。许多跨国公司的经营非常分散，在各个地方收入的货币并不相同，这使得公司的财务状况很不稳定，公司面临着各币种外汇牌价波动的风险，这时公司可以使用期货或者期权来规避外汇牌价风险。利用期货规避外汇牌价风险的方式是事先大致预计好公司在国外各地各币种大致的收入，然后做相同币种外汇期货的空头；利用期权规避风险则是买进某一币种在将来以某固定价格卖出的权利。这种控制风险的方式就是风险对冲。

二、公司经营风险管理的基本程序

一般来讲，公司经营风险管理需要经过了解风险管理单位所面临的风险种类、估算风险管理资金支出、制订风险管理总体规划、制订风险管理具体计划、评估和反馈计划实施的效果这几个步骤。

（一）了解风险管理单位所面临的风险种类

风险管理者制订风险管理计划时，首先，需要了解风险管理单位的保障需求和风险管理目标。针对风险管理单位的保障需求、风险管理目标，以及需要管理的风险状况，确定风险管理的大致思路。其次，需要对风险管理单位面临的风险有一个全面的把握，确定风险管理单位面临的风险种类，评估风险事件的轻重缓急，确定风险管理的技术。

（二）估算风险管理资金支出

风险管理单位拥有的资金数量、能够承受的风险管理成本等，是风险管理者制定风险管理方案前必须考虑的内容。在风险管理总体规划制订之后，就要对风险管理单位完成计划的资源做详细的评估，其中包括完成风险管理工作需要的人员、设备和材料等，并进行量化分析。最后，风险管理者需要制订出风险管理资源消耗计划，必要时可以大致地确定风险管理每一阶段所需要的资源、资金总量。

（三）制订风险管理总体规划

风险管理的总体规划达到风险管理的目标是至关重要的，风险管理总体规划主要是用来确定风险管理取得的成果、风险管理的阶段，以及各阶段需要完成的主要工作任务。

（四）制订风险管理具体计划

制订风险管理具体计划是风险管理方案的核心内容，是对风险管理总体规划的进一步说明，具有重要的实践意义。

（五）评估和反馈计划实施的效果

计划制订好后就要实施计划，通过对计划的实施效果进行评估，找到计划制订过程中可能存在的不足进行反馈，为下一轮计划的制订提供参考。

第三章 现代公司经营的环境风险管理

一个公司经营的好坏、效益的高低，当然首先要看它自身的生产和管理状况如何，同时也与它所处的外部经济环境有着十分紧密的关系。本章分为经济环境风险管理、政治环境风险管理、文化环境风险管理、技术环境风险管理、市场环境风险管理五部分。本章主要内容包括产业集群管理、区域经济特征、政治环境的构成要素、政治环境风险的评估、文化及其构成因素、公司文化与公司内部环境等方面。

第一节 经济环境风险管理

一、产业集群管理

产业集群的存在与否对于一个地区的竞争力强弱具有重要的影响。所谓产业集群是指，在特定领域中，同时其有竞争与合作关系，且在地理上集中，有相互关联性的公司、专业化供应商、服务供应商、相关产业的厂商以及相关机构（如大学、制定标准化的机构、产业公会等）的经济集聚现象。归纳而言，产业集群为一个区域所带来的竞争性主要表现在以下三个方面。

（一）外部经济效应

集群区域内公司数量众多，从单个公司来看，规模也许并不大，但集群区域内的公司彼此实行高度的分工协作，生产率极高，产品不断出口到区域外的国内市场和国际市场，从而使整个产业集群区域获得一种外部规模经济。

（二）空间交易成本

空间交易成本包括运输成本、信息成本、寻找成本以及合约的谈判成本与执行成本。产业集群区域内的公司地理位置距离较近，容易建立信用机制和相互信赖的关系，从而大大减少机会主义行为。区域内拥有专业化人才库，还能吸引最优秀的人才来工作。这就减少了在雇用专业人才方面的交易成本。集群区域内有大量的专业信息，个人关系及种种社区联系使信息流动很快，这样就减少了企业的信息成本。重要投入品大多可以从集群区域内的其他公司就近获得，可以节省运输成本和库存成本，还能享受供应商提供的辅助服务。因此，集群区域内的公司之间保持着一种充满活力的和灵活性的非正式关系。在一个环境快速变化的动态环境里，这种产业集群现象相对于垂直一体化安排和远距离的公司联盟安排来说更加具有效率。

（三）学习与创新效应

产业集群是培育公司学习能力与创新能力的温床。公司彼此接近，激烈竞争的压力，不甘人后的自尊需要，当地高级顾客的需要，迫使公司不断进行技术创新和组织管理创新。一家公司的知识创新很容易外溢到区域内的其他公司，这些公司通过实地参观访问和经常性的面对面的交流，能够较快地学习到新的知识和技术。这种创新的外部效应是产业集群获得竞争优势的一个重要原因。此外，产业集群也促进了公司经营者对于才能的培育和新公司的不断诞生。

对于从事跨国经营的公司来说，还必须考虑的经济因素包括关税种类及水平、国际贸易的支持方式、东道国政府对利润的控制、税收制度等。一些国家的政府有时限制外国公司从该国提走的利润额，有时还要对外国公司所占有的股份比例加以限制。

由多个国家组成的经济政治联盟已经成为影响公司活动的一支重要经济力量，其中比较重要的是石油输出国组织（又称"欧佩克"）和欧洲联盟。石油输出国组织是一个包括世界上最主要石油和天然气生产国的卡特尔。其宗旨是控制成员国的石油价格和生产水平，这一组织的定价决策和生产数量将会对世界经济和石油消费工业产生极大的影响。欧洲联盟最早成立于1957年，随着时间的推移和影响力的不断扩大，其成员国也在不断扩展。早期主要由发达的西欧国家组成，目前则吸引了北欧和东欧的一些国家，并且还在继续扩大。欧洲联盟的最初宗旨是取消配额和建立无关税的贸易区以推进和成员国之间的合作。1993年1月1日实施的欧洲共同市场，实际上消除了各成员国公司间经济合作的所有障碍，允许产品、服务、资金以及人员的自由流动。除上述两个经济组织外，影响较大的组织还有美国、加拿大和墨西哥三国成立的北美自由贸易区（1994年成立）和中国—东盟自由贸易区（2010年正式全面启动）。上述所有经济组织对公司的战略管理都会有潜在的影响。为了取得成功，公司的经营者必须识别出那些最能影响战略决策的关键的经济力量。

二、区域经济特征

区域经济特征是指除反映市场潜量的指标以外，反映区域市场基本特征的那些因素，如自然条件、基础设施、商业基础服务能力、城市化水平、宏观经济稳定性、对外经济活动的基本特征等。

（一）自然条件

自然条件包括矿产、水利、土地、地形、气候等一切实际及潜在的财富。自然资源情况会影响一个国家经济发展的潜力、水平以及市场供求变化的特征。地形直接影响公司的分销成本，同时恶劣的地形条件可能造成市场的分割，不利于公司的营销活动。气候一方面影响消费需求的特征，另一方面也影响很多农产品供给的数量和品质。

（二）基础设施

基础设施主要指交通运输，能源供应和通信条件。交通运输包括公路运输、铁路运输和空运。

在一个高度分工和专业化的世界经济体系中，交通运输条件直接影响着营销活动的经济和时间成本。能源供应是公司开展经济活动和消费者进行消费行为的基础条件。一方面，公司在生产经营过程中需要不同类型的能源，如电解铝的生产需要消耗大量电能；另一方面，很多产品的消费、使用过程需要消耗大量能源，如汽车需要燃油、家电需要电力。通信条件则直接影响着信息交流的效率和容量，在一个高度信息化的社会，信息已经成为公司和消费者最重要的资源之一，因此通信条件的优劣也就在客观上制约着生产和消费活动的种类、规模，如网络营销就是通信条件高度发展的产物。

（三）商业基础服务能力

商业基础服务包括金融服务、广告服务、分销服务（批发、零售）、中介服务、咨询服务。一个国家或地区的商业基础服务能力直接影响着公司营销决策的水平和各种营销手段能否快速、经济、有效地运用。

（四）城市化水平

作为政治、经济、文化活动相对比较集中的地点，城市在基础设施、经济发展水平、收入水平、商业基础服务能力、消费模式方面明显优于农村地区，是公司市场营销的重点地区。一个地区城市化程度越高，市场规模也往往越大。城市化通常用城市人口占总人口的百分比来表示。居民收入水平越高，城市化的程度也越高。特别需要指出的是，目前发达国家的城市化已经达到了很高水平，进展缓慢，提供的新的市场机会比较少；相反，低收入国家和中等收入国家城市化水平较低，正处于快速城市化的进程中，提供的新的市场机会比较多。

（五）宏观经济稳定性

宏观经济稳定性包括经济增长的速度和稳定性、物价稳定性、国内劳动力的供给与需求、对外收支情况等。

经济增长的速度和稳定性是决定一个经济体长期经济发展方向和商业经营机会的核心指标。

物价稳定性主要体现在通货膨胀率上。通货膨胀指造成一国货币贬值的物价上涨。通货膨胀率是反映经济状况和金融政策的综合指标。通货膨胀对经济的不利影响表现在，由于物价持续上涨，公司成本持续上升，同时商品投机行为增多，对正常的生产经营活动形成冲击。与通货膨胀相对应的是通货紧缩，指市场上流通的货币量少于商品流通中所需要的货币量而引起的货币升值、物价普遍持续下跌的状况。通货紧缩对经济的影响也主要是不利的，因为价格下降会导致消费者持币待购，公司缩减投资。因此，良好的经济环境应是价格稳定的，既没有通货膨胀，也没有通货紧缩。由于所统计的商品范围不同，通货膨胀率有多种衡量方式，如国内生产总值缩减指数、批发价格指数、零售物价指数、居民消费价格指数等。我国以前采用零售物价指数，从 2000 年开始采用居民消费价格指数。一般来说，各国通常都会有不同程度的通货膨胀。发达国家通货膨胀率一旦超过 3%，国内经济就可能受到很大损害；而对大多数发展中国家而言，10% 以下的通货膨胀率通常都是可以接受的。

国内劳动力的供给与需求对公司的长期投资活动有重要影响。如果劳动力供给不足，则会出现劳动力成本急剧上涨或无法获得足够劳动力的问题。

所谓对外收支，即一个国家在一定时期内从国外收进的全部外汇货币资金和向国外支付的全部外汇货币资金之间的对比关系。收入超过支出称为顺差，反之称为逆差，收入等于支出称为平衡。对外收支主要包括两个方面——经常项目和资本项目。经常项目指用来统计商品收支、劳务收支和单方面国际转移的项目，是对外收支中最重要的项目。资本项目指用来统计一个国家与其他国家之间的直接投资、证券投资和国际信贷的项目。如果一国对外收支长期处于逆差或者逆差金额比较大，意味着该国面临着较大的国际金融风险，可能会产生本国货币贬值、资本外逃等金融风险。

第二节　政治环境风险管理

一、政治环境的构成要素

（一）国家主权

国家主权又称主权，是指一个国家独立自主处理自己内外事务，管理自己国家的最高权力，包括统治自己的领土，选择自己的政治、经济、社会制度，与其他国家享有平等法律地位，有权和其他国家签订协议。主权是国家区别于其他社会集团的特殊属性，是国家的固有权力。

国家主权的范围主要包括以下几点。①对本国国民行使管理权力，包括规定公民的权力与义务，即使本国公民身处境外，也应该遵守本国的法律。②行使对外交流管理的权力，即确定本国疆界，控制对外经济贸易活动以及人员、物资、信息的跨境流动。③对外缔约权力，为了与其他国家和平共处或者达成国家所追求的某种目标，一国有权在某些方面缩小自己的主权，与其他国家或国际组织缔结条约，加入世界或区域组织，如世界贸易组织（WTO）、亚太经济合作组织（APEC）、国际货币基金组织（IMF）、世界卫生组织（WHO）、东南亚国家联盟（ASEAN）等。加入国际组织或与其他国家缔结条约意味着国家必须在主权的某些具体方面做出让步，如关税、货币政策等。

（二）政策稳定性

政治环境的第二个重要方面是政治环境的稳定性。公司的经营活动具有长期性、永续性，从客观上要求政治环境的稳定性。不稳定的政治环境会影响到经济环境，从而影响到公司商务计划的实现。通常公司的中长期商务计划比较容易受到政治环境稳定性的影响。

1.政治不稳定的指标

对所谓政治不稳定性的衡量并不存在世界公认的标准，以下两种指标经常被用来作为参考。

（1）政权更迭率

政权更迭主要可以分为两类。一类是在现行政治法律制度下正常的更迭，主要是通过选举和政党竞争的方式实现的。这一类更迭对政治不稳定性影响的大小主要取决于不同政党和政治领导人政治理念的差异。如果不同政党和政治领导人的政治理念相差不是很大，政权更迭基本不会带来政治不稳定性，如第二次世界大战后欧美发达国家定期通过选举进行的政权更迭就是这样。如果不同政党和政治领导人的政治理念相差很大，政权更迭就会带来政治不稳定性，如希特勒在德国上台后推行纳粹政策，对外发动了战争。另一类是通过军事或暴力手段实现的政权更迭，最典型的是军事政变。在这一类情况下，新政权在政治理念上往往与旧政权存在很大的差异，新政权上台后会采取大幅度的改革措施，通常都会带来很大的政治不稳定性。非洲由于经常发生军事政变而被视为世界上政治最不稳定的地区之一。

（2）政治对立

政治对立指两个或两个以上的社会组织或群体在一些影响社会发展的重大问题上立场不一致甚至相左，从而引发思想或行动上的激烈冲突。能够引起政治对立的原因很多，包括民族或种族冲突、不同政党或社会群体在治理国家理念方面的差异、贫富分化等。例如，在实行种族隔离政策时期的南非，种族冲突是导致其政治不稳定的主要原因。

2. 政府政策的稳定性与持续性

政府政策的稳定与否直接影响到公司政策的持续性，只有在当地政府政策稳定的情况下，才能保持公司政策的持续性。公司主要关心一项政策的实施期限、变化频率和突变可能性。虽然政府政策可能会改变某些市场的发展态势，只要从长远观点衡量政策是稳定的和可预测的，公司就可以实现其经营目标。一般而言，政策的变化对公司来说既可能是风险，也可能是机遇，政府政策的变动也可能给公司提供更好的经营条件，如完善法律体系、放松管制等。关注政府政策的稳定性，就是要在分析政治环境时预测政策变化的趋势，抓住机遇，减少或避免政治风险。

对公司经营活动影响比较大的政府经济政策包括没收、征用与国有化，外汇管制，出口控制，进口限制，税收管制，价格管制，劳工管制等。

（1）没收、征用与国有化

没收指政府将本国或外国公司的投资无偿地收归国有，这种情况在对外领域发生的概率通常比在国内领域要大一些。

征用指政府将公司投资收归国有但给予一定形式的补偿。

国有化指政府通过没收或征用等形式取得公司所有权并由政府直接经营该公司。

（2）外汇管制

外汇管制指一国政府通过法令对国际结算和外汇买卖实行限制的一种制

度。外汇是一种非常重要的短缺资源，各国政府大多通过法令对国际结算和外汇买卖实行管理。外汇管制包括以下三个方面。

①汇率制度。世界上的汇率制度主要有固定汇率制、浮动汇率制以及钉住汇率制。固定汇率制指一国货币同他国货币的汇率基本固定，其波动限于一定的幅度之内。浮动汇率制是指一国中央银行不规定本国货币与他国货币的官方汇率，听任汇率由外汇市场的供求关系自发地决定。浮动汇率制又可以分为自由浮动和管理浮动，前者指中央银行对外汇市场不采取任何干预措施，汇率完全由外汇市场的供求力量自发地决定；后者指实行浮动汇率制的国家，对外汇市场进行各种形式的干预活动。钉住汇率制指一国中央银行规定本国货币与另一种货币的固定比率，并随着这种外币汇率的波动而波动，如港币对美元之间的钉住汇率制。

②外汇管制的范围。从国际收支的角度看，外汇管制可以分为贸易项目下的外汇管制和资本项目下的外汇管制。贸易项目下的外汇管制指公司出口货物所得的外汇收入必须卖给国家指定的银行，进口物资所需的外汇也必须经过相关部门的批准才可以购买；资本项目下的外汇管制指在本国从事经营活动的外国或本国公司如果需要对外投资、汇出利润或退出在本国的投资，必须经过相关部门的批准才能够购买外汇。现在大多数发达国家无论在贸易项目下还是在资本项目下都取消了外汇管制，而大多数发展中国家则同时在贸易和资本项目下实行外汇管制。我国已经实现了贸易项目下的自由兑换，但对资本项目仍然实行严格的管制。

③外汇管制的程度。外汇管理可以分为严格的外汇管制和宽松的外汇监管。实行严格外汇管制的主要原因是外汇短缺，因此采取这种政策的主要是一些发展中国家。宽松的外汇监管指国家规定外汇可以自由买卖，无论用于进口货物还是对外投资。从20世纪70年代开始，大多数发达国家都取消了严格的外汇管制，目前对外汇的管理，一是为了防止国际间的"洗钱"，即将非法所得转换为合法收入；二是防止国际游资的无序流动。

（3）出口控制

出口控制指一国政府对公司的出口活动进行限制。出口控制主要分三种。①出口国别控制，指对出口物资的流向进行限制。如美国政府1980年有一项禁令，禁止向中国、古巴、朝鲜、越南等国出口某些高技术产品。此外，对于实行出口配额制的商品，由于申领配额时已经规定了商品进口国，对出口公司来讲也可以视为出口国别控制。②出口产品控制。许多国家基于国家安全及利益的考虑，往往对战略性、敏感性产品以及高技术和军事技术产品实行限制出口制。如美国商务部有一张限制出口产品的清单。我国也对一些产品实行出口限制，如为了保护国内的稀土资源，我国从 20 世纪 90 年代起限制稀土出口，大大提高了稀土制品的出口价格。③出口价格管制。出口价格管制的原因很多，如防止跨国公司利用转移定价来避税，阻止国内公司为了赢得出口市场而过度降低商品价格。

（4）进口限制

进口限制指一国政府通过进口配额、进口许可证制度、进口押金制度、高额关税制度等限制产品的进口。其结果或是限制最高的进口数量，或是提高进口成本，从而达到减少进口的目的。很多国家实行差别对待的进口管制政策，即根据不同商品对国家经济发展的重要性分别制定宽紧不同的进口政策。我国对一些高档消费品如高级小汽车、香水征收比较高的关税，而且实行数量限制，对一般家电产品征收 10% ～ 20% 左右的一般关税，对于国家经济发展急需的高科技产品如计算机类产品征收很低的关税甚至完全不征收关税。

（5）税收管制

税收管制指政府通过调整税收的种类和税率对公司的经营活动施加管制。例如，外国公司在本国的经营活动达到一定水平之后，取消原来的税收优惠或调高税率，这样会减少外国公司的利润。

（6）价格管制

价格管制指政府用限价的办法来影响公司的经营活动。价格管制有两种形式：一种是最低限价；一种是最高限价。实行最高限价通常是为了保护消费者的利益，其对象往往是一些生活必需品，最高限价会影响生产者的销售收入；实行最低限价通常是为了保护生产者的利益，保护生产者的积极性，很多国家对农产品都实行最低限价，最低限价会增加以这些产品为原材料的公司的生产成本。

（7）劳工管制

劳工管制指政府在就业资格的取得、劳动关系的产生和终止、劳资双方的权利及义务、福利薪酬标准、工作环境、在职培训、妇女和未成年人的雇用、劳资纠纷的解决等方面做出的规定。常见的劳工管制形式有最低工资标准、工作许可、岗位资格认证、工作时间限制、工作环境要求、在职培训、劳资谈判等。在一些国家，尤其是发达国家，劳工管制对公司有着十分巨大的影响，如最低工资标准会增加公司的薪酬支出，工作许可制度会限制外籍劳工的进入，岗位资格认证可能导致某些岗位劳动力供应不足，对于全职和兼职人员工作时间的限制可能导致公司无法获得所需的员工，或者无法满足高峰期的生产需要，对于工作环境和在职培训的法定要求会增加公司成本，劳资谈判制度可能导致工资水平不断上升。

（三）政党政治

政党政治是欧美资产阶级革命胜利的产物，它起源于英国。随着近代国家民主政治和政党的发展，政党政治已成为世界各国普遍的现象。政党以各种方式参与政治活动，就国内外重大政治问题发表意见，对国家政治生活施加影响。存在政党竞争的国家，各个政党或政党联盟努力争取成为执政党，然后通过领导和掌握国家政权来贯彻实现政党的政纲和政策，使自己所代表的阶级或阶层、集团的意志转变为国家意志。为了扩大执政或参与国家政治活动的基础，政党还要努力协调其与政府、其他政党、社会团体和民众之间的关系。

由于不同政党（包括利益集团）都拥有自己的政治哲学、政治观点与执政路线，因此具有不同政治主张的政党成为执政党就可能引起政治环境的巨大变化。

在有些国家，如日本，政党内部还会形成明显的派别，从而使政党政治的结果变得更加复杂和多变。

（四）民族主义

任何国家都由一定民族组成，而任何民族都必须存在于和生活在一定的国家之中。世界上的任何一个国家，只有民族多寡的差异之分，却不存在无民族的国家。

民族对政治系统产生了重大的制约作用。一是民族问题是政治系统实行某种国家政治制度的重要依据。以国家结构形式而言，是采取单一制还是联邦制，抑或以国家管理形式而言，是采取分权制还是集权制，在很大程度上取决于某国的民族传统、民族现状、民族多寡和民族分布状态。二是民族问题影响政治系统的稳定乃至国家的兴衰。三是民族传统和民族现实影响着一国民族政策的制定。民族意识和民族团结对于维护国家安全、主权独立、领土完整、抵御外来入侵所起的作用特别重要。政治系统对民族的生存和发展具有深刻的影响。在民族的发展过程中，国家可以运用强制性的手段来推进民族的分化、聚合或同化；国家还可以通过制定多种民族政策促进民族的经济、政治、文化发展，通过政治宣传，促进民族文化的共同繁荣和共同发展。在对外关系中，国家往往以各民族的代表身份出现，在国际交往和斗争中，忠实地捍卫本国全民族的利益。无论是单一民族国家还是多民族国家，都会出现不同范围、不同形式及不同程度的民族问题。一个国家如何处理国内、国际间的民族关系，将直接影响其国内政治局势和政治生活的发展，也将直接影响到国家间的关系和整个国家形势的变化。事实上在当代，由于各民族间存在巨大的差异，如民族间不同质的民族情感、民族心理、民族文化和宗教信仰，往往成为内部动乱甚至分裂的重要因素，或成为国家之间产生纠纷、冲突和战争的直接动因。

民族主义是一个具有十分复杂的历史、文化、地理、政治背景的概念。据美国学者路易斯·斯奈德研究统计，近代以来至少存在 200 种以上的不同含义的民族主义。这里，我们采用英国民族学家安东尼·D. 史密斯的观点。"民族主义是一种意识形态运动，目的在于为一个社会群体谋取和维持自治及个性，他们中的某些成员期望民族主义能够形成一个事实上的或潜在的民族。"

民族主义是包含民族、人种与国家三种认同在内的意识形态，主张以民族作为人类群体生活的"基本单位"，以此为基础塑造特定的社会文化，提出政治主张。由于民族国家已成为现今国家结构的主流，民族主义对世界历史和地缘政治影响巨大。世界上绝大多数人口都生活在——至少是名义上的——民族国家之中。民族国家的目的在于确保民族存续，保持身份认同，并提供民族文化与社会性格可支配的地域。

早期的民族主义运动往往是针对帝国主义和殖民主义的，而现今的民族主义则重点强调对民族、国家强烈的自豪感，鼓吹和强调本国经济独立自主，排斥外国资本、外国公司和外国产品。

（五）非政府组织

非政府组织指不属于政府、不由国家建立、独立于政府的社会组织。

非政府组织的存在是由于各种不同的目的，大多数是推广其成员所信仰的政治理念，或实现其社会目标。常见的非政府组织包括环境保护组织、人权团体、照顾弱势群体的社会福利团体、学术团体等。

非政府组织为了动员政府和各种社会力量对其所从事的公益事业进行财力和道义上的支持，往往通过各种途径影响政府公职人员的决策意向和社会舆论，包括媒体宣传、组织集会、罢工、游行等。非政府组织常常采取的策略是，通过影响社会舆论来向政府施压，从而获得政府财力上或政策上的支持。

（六）国际政治制裁

国际政治制裁指某个或某几个国家出于某种政治目的而抵制另一些国家，从而断绝与这些国家的一切经贸往来，或者对特定商品的贸易实施制裁。例如，美国、欧盟和日本出于意识形态上的差异对古巴、朝鲜、伊朗进行制裁。

二、政治环境风险的评估

政治环境风险的评估是一项非常复杂、专业性非常强的工作。迄今为止，国际上尚没有公认的评估方法。为了降低政治风险，公司应做到以下几点。

首先，在日常的市场调研活动中应重视可能对公司经营活动产生影响的政治因素方面情报的收集和研究。

其次，对于重大的政治环境变化要组织专门力量进行专题研究。

最后，可以向专门从事国际评估的机构咨询，如美国的穆迪投资者服务公司、兰德公司。穆迪投资者服务公司是一家全球性的信用分析与金融评估公司，它向国际投资界提供北美国家或地区的政府组织、全世界各国的公司以及某些发行者发行的债务与其他证券的信用等级评级服务。

第三节 文化环境风险管理

一、文化及其构成因素

（一）文化的定义

对于文化定义的讨论在国内外都引起了极大的兴趣，延续的时间也很久，对文化概念的表述更是争论不休，但对于文化到底是什么，至今也没有确切的结论。一般来说，狭义上的"文化"是指人类精神活动中产生的信念、价值观念、习俗、知识等。从广义上来说，"文化"不仅包括精神财富，还包括人类生产生活中所产生的物质财富。

在中国，"文化"一词古已有之，但它的含义与现代的理解有别，指与"武力"相对的文德教化。如汉代刘向《说苑·指武》："圣人之治天下也，先文德而后武力。凡武之兴，为不服也。文化不改，然后加诛。夫下愚不移，纯德之所不能化，而后武力加焉。"晋代束广微《补亡诗·由仪》："文化内辑，武功外悠。"李善注《文选》："言以文化辑和于内，用武德加于外远也。"而在词源学方面人们多追溯于《周易》："小利有攸往，天文也；文明以止，人文也。观乎天文，以察时变，观乎人文，以化成天下。"再至南齐王融《三月三日曲水诗序》："设神理以景俗，敷文化以柔远。"《周易》曰："物相杂，故曰文。""文"有错杂、纹路、物迹的意思，后发展为一种装饰审美、道德修养的意向；"化"有教育、变化、使有序等含义。因此，"文化"最初是指把错乱的事物进行改进修缮使之有序化，后发展为德行修养、人文教化等引申义。

西方真正现代意义的文化研究始于 19 世纪后期，爱德华·伯内特·泰勒将文化与文明合二为一，指出所谓文化和文明乃是包括知识、信仰、艺术、道德、法律、习俗以及作为社会成员的个人而获得的其他任何能力、习惯在内的一种综合体。"文化"不是某一个人、某一阶级的专利，而是以潜移默化的方式影响该文化群体中的每一个人，即文化人。"综合体"则意味着求同存异、兼收并蓄，是全社会知识、信仰、艺术、道德法律、习俗等精神文明成果在解除与碰撞中化整为一的结果。不过这种整体"大杂烩"式的定义受到了一定挑战，克利福德·格尔茨认为这种定义的模糊之处大大多于它所昭示的东西，容易将文化概念带入模糊笼统的困境。他认为，文化应该是这样一些由人们自己编织的意义之网，对文化的分析不是一种寻求规律的实践学科，而是一种探求意义的解释科学。另外，有学者认为文化影响群体中的每一个人，却不等于群体中的每一个人对文化有着完全相同的理解和运用。泰勒这种将文化设定于精神层面之上的定义，剥离了物质层面的影响。当然，泰勒的文化定义，过多强调精神方面的文化，却未包含物质文化。

物质文化不是文化本身，而是文化行为的产物。因为存在着非物质性文化，且其前提是存在着物质性资料，所以把物质性要素从文化范围内排除出去是不可能的。

不同时期的各界西方学者都对文化做过探讨，其中人类学家，特别是文化人类学家特别重视对文化的讨论，探讨最深的当推人类学家阿尔弗雷德·路易斯·克鲁伯和克莱德·克拉克洪。他们在 1952 年出版了一本专门研究文化定义的著作《文化概念与定义评述》。在书中，他们收集了自 1871 年之后半个多世纪中各学科的专家、学者对于文化所下的近三百个定义，对于"文化"一词的意义做了历史性的回顾，并对各种不同的定义进行了评述。他们认为，所谓文化指的是历史创造的多样的生活样式，包括显性的和隐性的，包括合理的、不合理的以及谈不上合理的或不合理的一切，它们在某一时期作为人们行为的潜在指南而存在。在这里，他们指出"文化具有相对性"和"文化作为人们行动的指南"这两个重要概念。尽管此书出版在几十年之前，它的影响一直持续至今。人们仍然经常引用他们的论点。可以说，直到目前仍然没有任何一本书能够超过他们对于文化定义的论述。

我国学术界对于文化也有过不同的界定。有的定义比较宽泛，如梁漱溟认为文化是人的生活样法，是人们生活所依赖的一切。有的定义比较狭窄，如陈独秀认为文化的内容是文学、美术、音乐、哲学、科学这一类的事。文化属于人类创造的精神财富和物质财富，人性具有的共性就使得人们能共享这些财富。然而正如孔子所说的"性相近，习相远"，人性固然相通，但"习相远"导致了文化的差异。因此，在实现有效跨文化交际之前，我们必须了解别人的文化，破除文化差异所产生的障碍。

（二）文化的特性

不同学科的学者从他们不同的角度提出自己对文化的看法，力求找到一个全面的能够概括一切的定义，虽然各有侧重，但是细致分析起来，这些定义之间还是存在着不少共同点。从这些定义中我们可以了解文化究竟为何物，也认识到文化具有复杂的一面。归纳起来，文化的特性大致有以下几点。

1. 文化并非先天所有

文化具有传承性，但不是生理的遗传，而是后天的习得。一个人具有什么文化并不取决于他的种族，而是取决于他生活的环境。美国文化人类学家罗杰·马丁·基辛曾指出，通过文化学习，一个婴儿可以变成部落民，或印第安农夫，或纽约曼哈顿公寓里的居民。既定的文化犹如空气弥漫，渗透在人们的日常生活中，影响着一个人对语言、习俗、风尚、信仰的习得。

中央电视台的一档《CCTV 家庭幽默大赛》的节目中，一位名叫阿诗丽的中英混血小女孩以纯正的"海蛎子味儿"大连话表演诗朗诵，并表示其在学校经常英文不及格。从小跟着外公、外婆生活的外国小姑娘，除了蓝眼睛和黄头发证实她有英国血统以外，她的一举一动、走路的样子以及脸上的表情都是典型的中国人。小女孩自己也表示，有时和英国父亲说话还需要中国母亲翻译。

2. 文化是人们行动的指南

文化的每一个环节都规定着我们的生活，人们的衣食住行无一不在文化的约束之中。吉尔特·霍夫斯塔德曾把文化比作心灵的软件，支配着人们的行动。比如，我们的饮食习惯就是由文化决定的，人感到饥饿是生理现象，但是什么时候吃、吃什么、怎样吃则受文化制约。中国人爱吃鸡爪，认为鸡爪美味有嚼劲，更为其改名为凤爪；在西方，人们爱吃鸡胸肉，不爱吃鸡的内脏和爪子，认为鸡爪很脏，更不能理解鸡爪的美味。这便是文化差异造成的，不同国家的人们头脑中都有一套文化规范，指引着人们在其所在的文化圈内正常地生活。

中国人有"送请"习俗，每当身边的亲朋有喜事、丧事时都习惯送现金，为表示对红白喜事的重视，也会特地准备新钱。在日本，也有办丧事送现金的做法，但与中国人的不同之处在于，他们准备的现金必须是皱的、旧的，就算是很新的钱也会特地叠皱了送出去。如果送新钱，办丧事的一家会认为送礼人提前就预知了丧事的发生；送旧钱代表送礼人没有料到有如此悲痛的事情发生，还来不及去换新钱的意思。

（三）文化的构成要素

1. 价值观和态度

价值观指人们判定正确与错误、好与坏、重要与不重要的基本观念。态度是人们对一些事物的特定感觉和行为方式的持久性倾向。

价值观涉及人们对一系列基本问题的态度，这些问题包括个人自由、民主、真理、公正、诚实、忠诚、社会责任、集体责任、妇女地位、爱情、性、婚姻等。价值观具有相对的稳定性和持久性。在特定的时间、地点、条件下，一个人或社会的价值观总是相对稳定和持久的。但是，随着环境的变化，一个人或社会的价值观也会随之改变。价值观是人们评价事物的标准。人对事物的态度及由此产生的价值观念对其消费方式、消费行为有很大影响。

在一定价值观和态度的基础上会形成影响人们相互行为的一些商业价值观念，这些观念包括以下方面。

（1）时间观念

美国人时间观念很强，欧洲人次之，南美人则时间观念相对淡薄。时间观念的强弱，一方面影响人们的消费选择，如美国人比较喜欢快捷、便利的商品；另一方面，时间观念影响人们的商务行为，如美国人约会迟到通常在15分钟以内，欧洲人则在30分钟以内，而在南美地区，迟到一两个小时也是常有的。因此，同样是迟到30分钟，美国人可能理解为对方缺乏诚意，欧洲人可能理解为不够重视，而在南美人看来没有什么特别的意义。此外，在一些地区，准时出席各种社交活动还可能带来负面影响，如在菲律宾，人们参加社交活动时一般要迟到15分钟，准时出席往往被理解为过于热衷。

（2）对变革的态度

对变革、创新、新产品，各国消费者的接受态度是不一样的，这会影响国际商务人员对新市场的开拓，也影响到公司经营中的一些行为。对变革的不同态度，可能存在于不同国家之间，也可能存在于同一国家内部的不同人群之中。就不同国别而言，美国人比较喜欢新生事物，满足同样用途的商品，美国人可能更倾向于尝试新产品；欧洲人则相对保守，在新产品的优越性没有得到证明之前，往往选择老产品；而在亚洲地区，即使新产品已经证明了其优越性，也不容易为消费者所接受。就一国内部的人群而言，一般来说，年轻人和受过较高教育的人对新生事物的接受能力往往较强。对公司内部经营而言，美国人倾向于选择新的公司和岗位，在很多美国人看来，连续在一家公司、一个岗位工作5年，往往是缺乏进取心的表现；而在亚洲地区，连续地更换公司和岗位，常常被理解为缺乏忠诚，没有踏实的工作态度。

（3）财富观

各国对财富的观念也不尽相同，美国人往往是金钱至上，而东亚地区往往把道德、社会利益和公正放在很高的位置上。

（4）风险意识

风险意识指消费者在做出购买决策时，对可能存在的风险的认知和规避意识。这些风险包括：①经济风险，即购买商品或服务不能满足需要时必须重新购买所蒙受的经济损失；②安全风险，指消费商品或服务时可能对消费者人身安全的损害；③声誉风险，因购买不当对自己形象的影响。

2. 语言

语言是人类思想交流的工具，也是一个国家或地区社会文化的缩影。要了解一个国家或地区的文化环境，不能不借助当地的语言，准确地理解对方语言的含义对公司经营活动的成败而言是至关重要的。例如，日本人非常讲究礼貌和尊重他人，即使心里不同意嘴上也往往说"是"，表达极其含蓄，准确理解日本客户的真实意思往往是使与日本人打交道的外国人最感到头疼的。相反，美国人的表达则通常非常直率，往往实话实说，不需要额外的客套。欧洲人的表达方式则居于美国人和日本人之间，在直率间带有含蓄。

世界上的主要语言包括汉语、英语、法语、西班牙语、葡萄牙语、德语、印地语、俄语、日语、阿拉伯语等。

在其他情况相似的条件下，从事国际商务活动特别是国际投资活动的商务人员总是要优先选择具有比较好的语言环境的国家或地区，在这方面，中国香港、新加坡、马来西亚、印度都是具有一定优势的。欧洲国家语言比较相似，很多人掌握多国语言，英语非常普及，语言环境也非常好。

语言是商务人员在商务活动中进行沟通的必要工具，通信联络、商务洽谈、广告宣传、人际交往都离不开语言。一个公司的国际化过程，也是该公司在包装文字、命名、广告主题、商标选用等方面运用语言的能力经受国际检验的过程。简洁、朗朗上口的品牌名称和广告语言，可以给消费者留下深刻的印象。通过语言进行有效的企业形象设计，是公司在国际市场上取得成功的一个重要条件。

由于英语是目前世界上使用最广泛、影响最大的语言，许多公司在进入国际市场之前，就已经选择了与公司形象、产品形象相协调的英文名称和商品品牌，并取得了很好的效果，如日本的索尼（Sony）、松下（Panasonic），德国的阿迪达斯（Adidas），中国的海尔（Haier）、康佳（Konka）。如果缺乏细致的考虑，事后往往需要多花一些精力。例如，中国著名的 IT 公司联想集团最初选择了"Legend"（传奇）这个英文单词作为自己的英文品牌，最后却发现这个名称在世界上 100 多个国家或地区已经被其他公司注册，自己不能使用，于是不得不在 2003 年 4 月 28 日开始启用"Lenovo"这个新的英文品牌。

一个国家或地区往往有多种语言，在使用语言的过程中，要十分注意语言表面之外的文化含义，否则就会带来不必要的麻烦。

使用字母文字，还要注意相同的字母组合在不同的语言中可能代表完全不同的含义，有些是非常不利于产品销售的，要注意加以避免。例如，百事可乐公司的著名广告口号"Come Alive with Pepsi"被翻译成德语意思却变成了"从坟墓中复活"。美国福特汽车公司向一些发展中国家推出了"Feira"牌子的廉价卡车，销售却不理想，原因是该品牌在西班牙语中意味着"丑陋的老妇人"。类似地，福特汽车公司在墨西哥销售"Caiente"牌高级轿车时也遇到了麻烦，原因在于"Caiente"在当地的俚语中是"妓女"的意思。美国阳光公司向德国市场推销用来喷雾定型的卷发铁棒，在广告中将这种产品称为"Mist-Stick"，后来发现英语中的"喷雾"（Mist）在德语中的含义是粪便，可想而知这样的名称对产品的销售会产生什么样的影响。

另外，在使用语言时，还要注意非语言交流形式的运用，如表情、姿势、体态、距离等。例如，在印度某些地区，点头不是意味着同意，而是意味着不同意。在美国，商务谈话的习惯距离是 1.5～2.5 米，而在拉丁美洲国家，这个距离则是 1～1.5 米。结果，在谈话中，美国人往往不习惯拉丁美洲人侵入他们的个人空间，不断后退，而拉丁美洲人则将这种逐步后退理解为冷淡，导致双方产生隔阂。

3. 教育

所谓教育，即文化及传统的传播过程，也包括技能、思想和态度的传播过程。一个国家的教育发达水平通常与其经济发展水平紧密相关。教育发达程度可以用识字率和普及教育水平来表现。

4. 社会习俗和风俗习惯

不同地方的人们在社会习俗和风俗上存在很大的差异。在美国，人们习惯于先吃主菜后吃甜点，并且嘴里有食物时不能讲话。在阿拉伯国家，人们认为试图与自己身份高的人握手是很不好的举止，除非对方主动伸出手来。在拉丁美洲国家，迟到是很常见的事情，人们对此也倾向于接受，而在美国和西欧国家，守时被认为是良好的品德和习惯。在美国和西欧国家，人们常常在打高尔夫球时谈生意，以至谈生意常常成为人们打高尔夫球的真正原因，而在日本，人们通常不在打高尔夫球时谈生意。在美国，老板常常在谈妥一桩大生意后向女性下属人员赠送玫瑰花表示感谢，而这种行为在很多其他国家是不合适的。

很多习俗会对商务活动产生很大的影响。例如，在亚洲，很多国家最重要的节日是传统的农历新年，其时间通常在每年的一二月份，而在信仰基督教的国家，每年年底的圣诞节才是最重要的。这些节日往往是生活用品销售的大好时机。在欧洲，每年夏季的 8 月往往是公司员工集体休假的时间，很多业务都被停止，这给那些与欧洲存在很多业务往来的公司带来了不小的麻烦。

在美国，人们通常在早餐时饮用橘汁，因而橘汁通常作为早餐饮料销售，而在法国，人们早餐时不饮用橘汁，橘汁是作为普通饮料销售的。在美国，人们通常购买 1 千克以下的小包装洗衣粉，而在西欧国家，4 千克～5 千克包装的洗衣粉则是非常常见的。在美国和很多其他国家，通常是男人为女人购买钻石戒指，而在德国，很多年轻妇女为自己购买钻石戒指，这种差异必然导致钻石经销商营销策略上的差异。

二、公司文化与公司内部环境

"橘生淮南则为橘，生于淮北则为枳，叶徒相似，其实味不同。所以然者何？水土异也。"一个生态系统，如一片森林，具备独有的四季变化、降雨量、无霜期、季风、温度、土壤酸碱性及其他动植物情况等，无一不影响到单棵树木的生长，而每棵树木生长，同时也会影响森林的生态，并影响到外部生态。如果公司是一片森林，员工就是一棵棵树木，公司文化会影响每一棵树的生长，而员工的行为、员工的成长也会直接对公司的发展产生影响。公司文化就是公司的生态。公司内部环境规定了公司的纪律和结构，影响着管理目标的确立，塑造了公司文化氛围和员工的控制意识，是公司建立和实施内部控制的基础。公司内部环境主要包括设定组织的基调，为员工如何识别和处理风险奠定了基础，包括风险理念和风险管控能力，诚信和道德价值观以及公司运营的业务环境。公司文化是公司的使命、愿景、宗旨、精神、价值观及经营理念的统一，具有组织的特征，得到员工的认可和遵守。公司文化在以往的实践中逐步形成，并在未来不断发展。公司文化是公司的灵魂，是公司发展的驱动力。其核心是公司的精神和价值观。公司文化是公司内部环境的基石。

三、公司文化与风险管理的共性

（一）无时不在

公司风险管理是一个持续流动于主体中的过程。公司文化是逐步形成的，不断发展，并面向未来。公司风险管理应融于公司文化之中。

（二）无人可免

公司风险管理由各个层级的人员实施。公司文化为全体员工所认同并遵守。每个员工应当熟悉公司文化，了解其职责中有关风险发生频率及重要性水平，并在工作实践中对风险进行管理和控制。

（三）源头活水

公司有自身的使命及愿景，并在此基础上制定战略，公司风险管理应用于战略制定。公司文化包括公司使命、愿景、宗旨、精神、价值观和经营理念。公司文化与风险管理有着共同的源头。

（四）无处不在

公司风险管理在公司的各个层级和单元应用，贯穿于公司的经营始终。公司文化是公司的生产经营实践、制度、员工行为方式与公司形象的总和。"公司文化如空气"，公司制度和公司文化就如同法律和道德的关系，法律如网格，总会有漏洞，而道德是无处不在的。

（五）未雨绸缪

公司风险管理旨在识别将会影响主体的潜在事项，并把风险控制在风险容量以内，公司文化包含居安思危的风险意识及管理理念。

（六）合理保证

公司风险管理能够向管理当局提供合理保证；公司文化不能保证消除所有风险。另外，公司文化建设本身也有风险，好的公司文化可以降低风险发生的可能性，并减少损失。

（七）做事为人

公司风险管理与内部控制是做事，公司文化是为人，做事先做人。应将风险管理的模型，各业务层级，战略、经营、报告及合规，内部环境，目标设定，事件识别，风险评估，风险反应，控制活动，信息、沟通与监督嵌入公司文化建设之中去。

四、风险管理与公司文化的关系

（一）风险管理的前提

公司存在都是为它的利益相关者（股东、客户、员工、供应商及社会）提供价值，所有利益相关者都面临不确定性。公司风险管理者需要有效地处理不确定性以及由此产生的风险和机会，以提高其创造价值的能力。因此，利益相关者需要树立共赢价值观，管理当局要促进相关者利益与风险的平衡。无论是股东、客户，还是员工、供应商及社会之间的关系，都可视为人际关系。"商道也即人道也"，这包含三个层次：第一层次，"己所不欲，勿施于人"，即当某人做出一个决定时，先考虑自己是否能接受；第二层次，"己欲利，先利人，己欲达，先达人"，即让某一方先受益，最终实现共赢；第三层次，"爱人如己"，即热爱他人，如同爱自己一样。

（二）公司文化与风险管理理念

"生于忧患，死于安乐。"风险管理理念包含在公司的经营理念之中，而公司文化又包含了公司的经营理念。公司应建立统一的风险管理理念：考虑到有哪些风险以及如何管理风险，从而形成对风险统一的偏好和态度，在做任何决定时都考虑风险。风险管理理念可以通过公司口头或书面政策、各种规章制度影响公司文化的形成，使得个人及团队价值观、行为态度及处世方式在风险管理的价值观上趋同，避免不同的部门风险策略有的激进，有的保守。

（三）公司文化与公司外部环境

公司文化是社会文化的一个子系统，公司文化当然也依托于民族文化、社会文化。公司文化与母文化系统相互影响。欧美外资公司在中国显然受到来自东西方文化的共同影响，长期在外资公司工作的员工应该会有深刻的感受。另外，公司文化也会对其他公司及社会文化产生影响。公司持续经历着快速的市场变革、技术颠覆、商业模式创新及地缘政治新趋势。随着世界经济进入新常态，中国经济体制的改革也进入了深水区。针对宏观环境、行业环境及经营环境的变化，公司文化要与时俱进。面对风险和机遇，制定适当的策略对于公司而言至关重要。公司管理层及员工对外部环境变化要有警惕性，理解在新环境中需要哪些能力，以及如何开发和真正的使用这些技能，并从战略上预测外部环境可能带来什么，将这一预测转化为内部行动，以取得先机。

（四）公司文化与公司核心竞争力

公司核心竞争力是指能为公司带来竞争优势的资源和能力，也就是公司抓住机遇，规避风险的能力。其包含三个要素：能给客户创造价值，与竞争对手相比有优势以及很难被复制或模仿。公司文化作为一项无形资产，难以被竞争对手了解、购买、模仿或替代。因此，公司文化是公司核心竞争力的重要源泉。公司文化包含于公司的规章制度、组织结构、业务流程和控制系统中，是公司实现其目标的经营风格或行为方式，决定公司内个人互动、协作和决策的方式。公司的内部资源条件决定了其能否和如何有效利用外部环境提供的机会减少或消除可能的风险威胁，从而使公司获取持久的竞争优势。

良好的公司文化应激励员工持续创新、不断改善，才能使公司在相关领域保持竞争优势。

（五）公司文化的主要风险

没有积极的公司文化，员工就失去了对公司的信心和认同，公司缺乏凝聚力和竞争力，缺乏开拓和创新的团队意识，可能导致公司发展目标难以实现，影响公司的可持续发展。如果没有良好的公司风险管理文化，员工有可能损公肥私，贪污腐败；公司有可能会遭受重大损失，甚至破产倒闭。

第四节　技术环境风险管理

一、技术环境对商务活动的影响

科学技术环境的发展对于社会的进步、经济的增长和人类社会生活方式的变革都起着巨大的作用。现代科学技术是社会生产力中最活跃的因素和决定性的因素，其作为重要的商务环境因素，不仅直接影响公司内部的生产和经营，还同时与其他环境因素相互依赖、相互作用，共同影响公司的商务活动。

科技发展对经济活动的影响主要表现在以下几个方面。

第一，技术的发展直接影响公司的经济活动。科学技术既为商务活动提供了科学理论和方法，又为商务活动提供了物质手段。

第二，科学技术的发展和应用影响公司的经营决策。商务人员在进行决策时，必须考虑科技环境带来的影响。

第三，科学技术的发明和应用可以造就一些新的行业、新的市场，同时又使一些旧的行业与市场走向衰落。例如，太阳能、核能技术的发明应用，使得传统的水力和火力发电受到冲击。太阳能、核能行业的兴起必然给掌握这些技术的公司带来新的机会，又给水力、火力发电行业带来较大的威胁。又如，晶体管取代电子管，后又被集成电路所取代；复印机工业打击复写纸工业；电视业打击电影业；化纤工业对传统棉纺织业造成冲击等。

第四，科学技术的发展使得产品更新换代速度加快，产品市场寿命缩短。如计算机已经更新数代，速度提高了上万倍，同时价格却下降了上千倍，特别是微机中的核心芯片中央处理器（CPU）基本上每隔 18 个月就更新一次。

第五，科学技术的进步将会使人们的生活方式、消费模式和消费需求的结构发生深刻的变化。例如，在美国，汽车工业的迅速发展，使美国成了一个"装在车轮上的国家"，现代美国人的生活方式无时无刻不依赖于汽车。又如，电子计算技术的发展使人们改变了传统的笔算和珠算的做法，甚至在日常生活中也逐渐离不开电子计算机和微型计算器。这些生活方式的变革，如果能被公司深刻认识到，主动采取与之相适应的营销策略，就能使公司获得成功。

第六，科学技术的发展为公司提高营销效率提供了更新、更好的物质条件。例如，利用高级电子计算机对消费者及其需求的资料进行模拟计算、分析和预测，就能及时、准确地为公司提供相关资料，以作为公司进行营销活动的客观依据。

二、技术环境与国际商务模式

（一）技术进步与国际商务活动的产生

一个国家的经济发展水平取决于两个方面：一是科学技术发展水平；二是经济活动的组织形式。

在资本主义社会之前，由于技术手段的限制，国际商务活动主要表现为国际贸易活动。即使这种国际贸易活动也是局限在个别商品和个别地区内，很难成为影响一个国家社会经济活动的主要力量。

现代意义上的国际贸易活动是在资本主义生产方式建立以后发展起来的，其根本原因就在于机器大工业所带来的巨大生产力使得一国某一产品的生产量可以大大超过本国市场的需求，为了给本国剩余产品寻找出路，该国必然会寻找国际市场。同时，交通运输、通信技术的发展也为商品的国际流动创造了可能。

此后,随着技术条件的进一步发展,其他的国际商务活动,如国际技术引进、国际劳务合作、国际工程承包、特许经营、国际投资、跨国经营才逐步发展起来。

(二)技术进步与国际商务活动的成本

在现代经济中,技术进步的影响直接反映在国际商务活动的成本上。

在信息技术(IT)领域,摩尔定律预言,每18个月微处理器的功能提高一倍而价格下降一半。微处理器的发展,使得高功率、低成本的计算得以实现,大大增强了公司、个人处理信息的能力,同时也推动了自动化技术的发展。特别是,微处理器构成了许多现代电信技术发展的基础。没有微处理器,全球卫星通信、光纤通信和互联网技术就很难进入人们的生活。由于电信技术的发展,全球通信成本正以过去人们难以想象的速度下降。

对于国际商务活动而言,有两种成本是至关重要的:一是信息沟通成本;二是运输成本。在国际商务活动中,人员和设施分布在不同的国家,无论是信息的传递还是人员、设施的协调都依赖大量的信息沟通,因此迅捷、低成本的信息沟通活动就成为国际商务活动大规模开展的首要前提条件。信息技术的飞速发展刚好满足了这个条件,IT技术的发展大大降低了信息处理和全球管理的成本。同样,国际商务活动必然涉及大量的人员和物资的国际流动,如果运输成本过高,就会降低公司的竞争力。运输成本的降低,一方面得益于现代先进的运输方式的发展,另一方面也得益于信息技术的发展。信息技术的发展大大提高了处理货物的效率,减少了迂回运输、重复装卸和货物损坏的现象。

(三)技术进步对全球商务环境的影响

经济全球化的根本动因在于现代科学技术的发展和传播。20世纪以来,尤其是第二次世界大战后,以电子计算机技术、微电子技术、信息通信技术、新材料技术、空间技术、海洋技术、现代交通运输技术等为主体的现代高技术群的出现,大大加快了各个国家、各个地区之间的信息流、物资流、资金流、技术流和人流的互通,使相隔数千里甚至上万里的世界瞬间变成了一个地球村,从而在很大程度上缩小了人际、组织、民族、国家间交往的时空距离,为加速经济全球化的进程奠定了坚实的物质技术基础。

在科学技术高度发展的今天,技术变革对人类社会的影响是显而易见的。科技进步不仅会带来生产领域的革命性变化,还会影响到人们的生活方式和思维模式,催生新的消费模式和时尚,导致新兴行业的形成和发展。

在当代社会,由于科学技术的飞速发展,技术变革影响着社会经济从生产、分配、交换到消费的方方面面。一方面,科技进步导致了生产领域的革命性变化，不仅大大降低了原有产品的成本，还不断发明出更多的新产品。另一方面，科技进步还对人们的生活方式和思维模式产生了巨大的影响和冲击，改变着人们的消费观念和消费模式，从而导致新兴行业的形成和经营方式的改变。正如世界贸易组织第一任总干事雷纳托·鲁杰罗所描述的那样："电信业的发展正在制造一批全球观众，运输业的发展正在使世界演变为地球村。无论在布宜诺斯艾利斯还是北京，普通大众都在收看 MTV（音乐电视）频道，穿着李维斯牌牛仔裤，并在上班的路上听着索尼随身听。"

卫星通信、互联网、电子邮件、视频网络等通信技术已经将世界连结为一个整体。由于新技术和通信手段大大加快了信息的传播速度，一个国家发生股市动荡，世界各地的股市在几分钟内就都能感觉到。由于市场对政局和经济动态的反应灵敏，资本流动几乎可以在瞬息之间由流入转变为流出。

现在，公司和消费者可以非常方便地了解世界各地发生的事件，公司可以非常方便地获取有关竞争对手、原材料供应商和消费者的信息，并以很低的成本与客户进行直接的沟通，消费者也可以很方便地获取各种产品的信息。各种商务信息在全球的迅速扩散导致全球消费偏好的趋同和世界范围内的流行时尚，使得一国产品在其他国家也存在巨大的需求空间，为国际商务活动打下了坚实基础。

（四）技术进步对商务活动模式的影响

全球商务活动环境的变化会影响到公司的商务活动模式，特别是国际商务活动的模式。

在第二次世界大战以前，国际商务活动主要表现为国际贸易，而且国际贸易的对象主要表现为各种成品。同时，由于各国的商务环境和消费习惯存在很大差异，一个公司很难在另外一个国家开展经营活动，即使能够在国外开展经营活动，其在成本上也往往不具备优势。这样，国内生产和国外消费各方是相对分割的，通过国际贸易公司将两者联系起来。

由于国际经营活动的成本比较高，从事国际商务活动的主要是一些实力雄厚的大公司，小公司很难走出国门。

第二次世界大战以后，随着信息技术和运输技术的发展，从事国际商务活动的成本大幅度下降，使得公司可以考虑在全球范围内配置生产和经营资源。在这一时期，国际商务活动出现了一些明显的变化。

首先，在国际贸易的商品中，中间产品的比重不断上升，这样做是为了充分利用各个国家的优势资源，降低产品的成本。

其次，投资成为国际商务活动的中心环节。由于技术条件的发展，公司可以在全球范围内配置生产和经营资源。为了保证公司经营的一体性和灵活组织经营活动，从事国际商务的公司往往采用直接投资的方式，建立起跨国公司经营体系。此时的国际贸易主要表现为跨国公司的内部贸易，此时的技术转让活动也主要发生在跨国公司内部。

再次，在国际商务管理模式上由松散型的区域模式向集中型的全球模式过渡。在全球通信技术尚不够发达的时期，由于跨国公司的总部与各个区域市场之间很难进行全方位的实时沟通，因此跨国公司总部往往很难对各个区域市场进行有效的管理，在公司组织模式上往往给予国外子公司比较大的经营自主性。随着全球通信技术的日益成熟，为跨国公司实行全球统一经营和管理提供了可能。

最后，由于国际商务成本的大幅度下降，大批中小公司走上了国际化经营道路。信息技术的发展大大降低了全球化经营的研发、运输、通信、管理、销售、制造成本。

三、技术环境风险的防范措施

新技术开发是探索性很强的工作，潜藏着许多失败的风险。技术创新过程可分为五个阶段：研究与开发阶段、设计阶段、试制阶段、生产阶段和销售阶段。公司技术创新的成败就取决于以上各阶段的工作是否能顺利进行。技术本身具有隐蔽性、潜在性和复杂性，决定了技术创新的影响因素、成功与否以及其所带来的社会及经济效益具有极大的不确定性。

（一）提高公司技术创新水平

大力发展我国先进的生产制造技术，提高公司运作系统的关键技术水平。一方面，在硬件设备上缩小与发达国家之间的差距，增强关键设备的安全防御能力；另一方面，在软件技术上着力开发管理信息系统等具有自主产权的管理技术。这是公司防范技术风险、提高技术安全性能的根本性措施。

（二）健全信息安全管理体系

从公司管理系统内部组织机构和规章制度建设两方面着手，一是要建立专职管理和专门从事防范信息犯罪的技术队伍，落实相应的专职组织机构；二是要建立健全各项信息安全管理和防范制度，重点要完善业务的操作规程、强化要害岗位管理以及内部制约机制。

（三）统一规划和规范技术标准

按照系统工程的理论和方法，根据信息系统管理原理，在技术创新总体规划指导下，按一定的技术标准和规范，分阶段逐步建设技术开发与运营系统。确立统一的发展规划和技术标准，不但有利于增强技术研发系统内的协调性，降低技术创新风险，而且有利于技术风险的监测与监管。

四、技术环境风险的管理策略

在制定技术风险决策时，情报的数量和质量至关重要。掌握的信息越多、越准确，才能做出正确的、有把握的管理决策，公司承担的技术风险也就相对降低；反之，公司承担的风险就会增加。因此，公司要采取有效的措施，加强情报信息的搜集，不仅在技术开发阶段，而且在样品研制、商品化、产业化和进入市场等阶段，都是十分重要的前提条件。

（一）树立风险意识

风险管理是公司经营管理中的一个重要组成部分。通过树立风险意识，使风险形成岗位压力，而这种压力造成了自身的危机感、责任感。技术管理部门有了这种风险意识，就会自觉或不自觉地采取一切手段，去规避技术风险，并使措施贯穿于工作的全过程，不断提高自身的执行力。

（二）加强市场研究

面对当前市场竞争出现的新特点，了解市场、研究市场、适应市场、开拓市场、扩大市场，已成为决定技术创新成败的必然要求。公司必须进行细致的市场研究，对用户需求有更好的理解，使研究与开发瞄准和满足这些需求，这在产品创新中起着重要作用。有些公司不做细致的市场调研，仅做肤浅的分析，就盲目上马，往往一事无成。

（三）分析不确定性因素

科学识别与分析技术创新面临的各种不确定性因素，对防范技术风险是至关重要的。有些公司希望高新技术成果能够立刻实现规模生产，创造收益，常常未待技术完善，未进行小试和中试，就筹措巨资，投资上马。正是由于这种边完善技术、边建立生产线的侥幸心理，导致创新周期过长，成本过高，甚至导致研发项目失败的结局。

（四）加强信息沟通

作为现代经济的核心因素，信息已渗透到了现代公司的各个层面，可谓牵一发而动全身，信息沟通的重要性已成为管理者的共识。在技术创新项目决策与执行过程中，相关部门要加强信息沟通，使公司内部各部门协调配合。同时，加强与同行的技术协作，与用户建立密切的联系，建立信息反馈渠道，不断改进新产品。

（五）加强市场营销

当前，在激烈的市场竞争中，缺乏有效的市场营销策略是许多新产品研发与应用失败的直接原因。对于新产品的市场开拓，制定有效的市场营销策略，注重营销策划，完善技术与产品服务，耐心听取用户的建议，完善新产品，是防范技术风险的紧迫任务。

第五节　市场环境风险管理

一、市场风险的分类

市场风险是指未来市场价格（包括利率、汇率、股票价格和商品价格）的不确定性对公司实现其既定目标的不利影响。市场风险可以分为商品价格风险、利率风险、汇率风险和股票价格风险。这些市场因素可能直接影响公司的经营，也可能通过对其竞争者、供应商或者消费者的作用而间接影响公司的经营。

（一）商品价格风险

商品价格风险是指公司所持有的各类商品的价格发生不利变动而给公司带来损失的风险。这里的商品包括可以在市场上交易的某些实物产品，如农产品、矿产品（包括石油）和贵金属等，也包括金融虚拟产品，如期权价格等。

（二）利率风险

1. 重新定价风险

重新定价风险也称为期限错配风险，是最主要和最常见的利率风险形式，源于公司资产、负债和表外业务到期期限（就固定利率而言）或重新定价期限（就浮动利率而言）之间所存在的差异。这种重新定价的不对称性使公司的收益或内在经济价值会随着利率的变动而发生变化。

2. 收益率曲线风险

重新定价的不对称性也会使收益率曲线的斜率、形态发生变化，即收益率曲线的非平行移动，对公司的收益或内在经济价值产生不利的影响，从而形成收益率曲线风险，也称为利率期限结构变化风险。

3. 基准风险

基准风险也称为利率定价基础风险，也是一种重要的利率风险。在利息收入和利息支出所依据的基准利率变动不一致的情况下，虽然资产、负债和表外业务的重新定价特征相似，但是因其现金流和收益的利差发生了变化，也会对公司的收益或内在经济价值产生不利影响。

4. 期权性风险

期权性风险是一种越来越重要的利率风险，源于公司资产、负债和表外业务中所隐含的期权产品。

（三）汇率风险

汇率风险是指由于汇率的不利变动而导致公司业务发生损失的风险。汇率风险一般因为公司从事以下活动而产生。一是公司为客户提供外汇交易服务或进行自营外汇交易活动。外汇交易不仅包括外汇即期交易，还包括外汇远期、期货、互换和期权等金融和约的买卖等。二是公司从事的银行账户中的外币业务活动，如外币存款、贷款、债券投资、跨境投资等。

（四）股票价格风险

股票价格风险是由股票价格的不利变动所带来的风险，是指因政治、经济等宏观因素，以及技术和人为因素等，个别或综合作用于股票市场，致使股票市场的股票价格大幅波动，从而给投资者带来经济损失的风险。

二、市场风险管理的过程

（一）风险辨识

风险辨识，就是认识和鉴别公司活动中各种损失的可能性，估计市场风险对公司目标的影响，通常包括三个方面：一是分析各种暴露，研究哪些项目存在风险，受何种风险影响，受影响的程度；二是分析各种风险的特征和成因；三是进行衡量，预测风险的大小，确定风险的相对重要性，明确需要处理的缓急程度。常见的风险识别方法包括德尔菲法、财务透视法、事件推测法（包括跟踪法、列举法）、风险因果图法、事故树法（因果逆推法）、现场调查法（包括情景分析法、经验观察法）等。

（二）风险度量

在确认对公司有显著影响的市场风险因素以后，需要对各种风险因素进行度量，即对风险进行定量分析。目前经常使用的市场风险度量指标大致可以分为两种类型，即风险的相对度量指标和绝对度量指标。通过对风险进行定量分析，可以使公司明确自身所面临的风险大小。常见的风险度量方法包括主观评分法（A 计分法）、层次分析法、决策树法、比率分析法（Z 计分法）、盈亏平衡分析法（保本点法）、敏感性分析法、随机型风险估计法、风险报酬法等。

1. 主观评分法（A 计分法）

传统的风险评估采用"A 计分法"，即将相关的风险因素逐一列出，包括宏观因素、技术因素、市场因素、管理因素、退出因素等，根据各因素对项目影响程度的大小予以赋值，最后将所有因素的影响值加总，从总体上评估风险度。风险度的项值在 0 ~ 10 之间，得分越高，风险度越大。

2. 层次分析法

将问题包含的因素分层：最高层（目的），中间层（准则），最低层（措施、方案）。把各种所要考虑的因素放在适当的层次内，用层次结构图清晰地表达这些因素的关系。

3. 决策树法

决策树的每个决策或事件（即自然状态）都可能引出两个或多个事件，导致不同的结果。决策树有四个要素：决策结点、方案枝、状态结点、概率枝。

4. 比率分析法（Z 计分法）

爱德华·奥特曼于 1968 年设计的破产预测模型就是比率分析法的典范。根据银行过去的贷款案例分析，选择最能反映借款人财务状况、最具预测或分析价值的比率，设计最大程度地区分贷款风险度的模型，对贷款申请人进行信用风险及资信评估。

5. 盈亏平衡分析法（保本点法）

盈亏平衡分析法也称保本点法。盈亏平衡点是指使公司达到不盈不亏状态的销售量（额），公司销售收入等于全部成本，此时利润等于零。

6. 敏感性分析法

敏感性分析法是从众多不确定性因素中找出对投资项目的经济效益指标有重要影响的敏感性因素，分析其对指标的影响程度和敏感性程度。

7. 随机型风险估计法

在平衡点分析、敏感性分析的基础上，对不确定性因素发生变动幅度进行概率分布，测定不确定性因素对项目指标的影响，以判断项目可行性和风险性以及方案优劣。

8. 风险报酬法

风险报酬法也称调整贴现率法，是将净现值法和资本、资产定价模型结合起来，利用模型依据项目风险程度调整基准贴现率。调整贴现率法的思路是，对高风险的项目采用较高的贴现率去计算净现值，对低风险的项目用较低的贴现率去计算，然后根据净现值法的规则来选择方案。此方法关键在于根据风险的大小确定风险调整贴现率，即必要的资本回报率。

三、市场风险管理的方法

（一）风险预防

风险预防是指通过严密的措施阻止风险事件及其损失的发生，即最大限度地排除或降低一切可以事先排除或降低的风险。这是在损失发生前，为了消除或减少可能引发风险损失的各种因素而采取的一种风险处理方式。一是高度重视风险水平。二是努力把握市场行情的胜算概率和风险与利润的交换比例。

（二）风险规避

风险规避是指投资主体有意识地放弃风险行为，完全避免特定的损失风险。简单的风险规避是一种最消极的风险处理办法，因为投资者在放弃风险行为的同时，往往也放弃了潜在的目标收益。所以一般只有在投资主体对该风险极端厌恶、投资主体无能力消除或转移风险等情况下才会采用这种方法。

（三）风险分散

风险分散是指通过多样化的投资组合来分散和降低风险的方法。通过增加承受风险的单位数量，以减轻总体风险的压力，使项目管理者减少风险损失。

①不同项目的分散投资。投资者可通过分散投资不同风险程度的项目，达到降低投资风险的目标，也就是将资金投放于不同风险程度、不同的产业性质、

不同的市场或地区上。

②不同阶段的分散投资。可将风险资金分散在处于不同发展阶段的风险项目里，这些项目的市场行情的波动不会在同一时间发生。

③不同主体的联合投资。即集合多个投资者，联手投资一个项目以分担市场风险。

（四）风险转移

所谓风险转移，即风险投资过程的部分风险或全部风险由一个承担主体向另一个承担主体转移。即通过缔结契约，将让渡人的市场风险转移给受让人承担的行为。通过风险转移可大大降低经济主体的风险程度。风险转移的主要形式是所有权转移、非保险合同转移和保险合同转移。

①所有权转移：将可能遭受风险损失的财产或事件转移给其他主体。

②非保险合同转移：通过签订合同，可以将部分或全部风险转移给一个或多个其他参与者。

③保险合同转移：保险是公司或个体使用最广泛的风险转移方式，即风险保险。

（五）风险保险

风险保险是以保险合同的形式确立双方的经济关系，以缴纳的保险费建立起来保险基金，对保险合同规定范围内的风险事故所造成的损失进行补偿或给付。保险是最古老的风险管理方法之一，被保险人支付一个固定金额（保费）给保险人，被保险人获得的保证是，在指定时期内，保险人对特定事件或事件组造成的任何损失给予一定补偿。风险保险的五要素包括可保风险的存在、大量同质风险的集合与分散、保险费率的厘定、保险准备金的建立、保险合同的订立。

（六）损失控制

损失控制是指公司对不愿放弃也不愿转移的风险，通过降低其损失事故发生的概率，或降低其损失发生的程度来达到控制目标的方法。损失控制可分类如下。

①按目的不同分为损失预防和损失抑制。前者得以降低损失概率，后者得以降低损失程度。

②按所采取措施的性质分为工程法和行为法。前者以风险单位的物理性质为控制点，后者以人们的行为为控制点，如教育法。

③按控制措施的执行时间分为损失发生前、损失发生时和损失发生后的损失控制方法。在损失发生前的控制相当于损失预防，而在损失发生时和损失发生后的控制就是损失抑制。

（七）风险保留

风险保留也称风险承担，如果风险损失发生，经济主体将以当时可利用的任何资金进行支付。风险保留包括无计划自留风险、有计划自我保险两类。

1. 无计划自留风险

无计划自留风险指在损失发生后从收入中直接支付，即不是在损失前做出风险资金安排。当经济主体没有意识到风险并认为损失不会发生时，或将意识到的与风险有关的最大可能损失显著低估时，就会采用无计划保留方式承担风险。

2. 有计划自我保险

有计划自我保险指在可能的损失发生前，通过做出各种资金安排以确保损失出现后能及时获得资金以补偿损失。有计划自我保险主要通过建立风险预留基金的方式来实现。

第四章　现代公司经营的业务风险管理

公司在国民经济和社会发展中扮演着日益重要的角色，但其经营过程中存在的风险也不容忽视。本章分为战略风险管理、生产风险管理、销售风险管理、物流风险管理四部分。本章主要内容包括战略风险管理的目标、战略风险管理的要素、战略风险管理的流程、战略风险管理的策略、战略风险管理的意义、生产风险的影响因素、生产风险的分析方法等方面。

第一节　战略风险管理

一、战略风险管理的目标

战略风险可理解为公司整体损失的不确定性。战略风险是影响整个公司的发展方向、公司文化、信息和生存能力或公司效益的风险因素，也就是对公司发展战略目标、资源、竞争力或核心竞争力、公司效益产生重要影响的因素。罗伯特·戴西蒙将战略风险的来源和构成分成四个部分：运营风险、资产损伤风险、竞争风险和商誉风险。当公司出现严重的产品或流程失误时，运营风险就转变为战略风险；当对实施战略有重要影响的财务价值、知识产权或者是资产的自然条件发生退化时，资产损伤风险就变成一种战略风险；当产品或服务与众不同的能力受损伤导致竞争环境发生变化时，竞争风险就会变成战略风险；而商誉风险是上述三个方面的综合结果。

战略风险管理强调风险优化必须和公司战略目标相结合，在我国《中央企业全面风险管理指引》中对风险管理的总体目标设定如下：①确保风险控制与公司总体目标相适应，并在可承受的范围内；②编制和提供真实、可靠的财务报告，确保公司内外部，尤其是公司与股东之间实现真实、可靠的信息沟通；③确保公司遵守有关法律法规；④保障经营管理的有效性，提高经营活动的效率和效果，降低实现经营目标的不确定性，确保贯彻执行公司有关规章制度和为实现经营目标而采取的重大措施；⑤保护公司不因灾害性风险或人为失误而遭受重大损失，确保公司制订针对各项重大风险发生后的危机处理计划。

二、战略风险管理的要素

所有公司都面临着不确定性，给管理层带来的挑战是公司为增加股东价值而能够承受多大的风险。战略风险管理使管理层得以有效处理不确定性和随之而来的风险与机会，从而增强其创造价值的能力。战略风险管理必须是包罗万象的，能应对商业计划的所有方面，如策略计划、营销计划、运营计划、研发计划、管理及组织计划、预测和财务数据、融资、风险管理程序及业务控制等。

战略风险管理主要包括以下几个要素。

（一）调整风险偏好和战略

没有哪一个风险管理程序能够创造出无风险的环境。相反，战略风险管理使管理层能够在充满波动风险的商业环境中更为有效地经营公司。战略风险管理能增强公司将其风险偏好和策略关联起来的能力。在评估备选策略时，管理层首先应考虑公司的风险偏好，然后为风险设定上下限。

（二）减少经营性意外和损失

实施战略风险管理后，公司能够使运营意外造成的损失降至最低。公司识别潜在风险事件、评估风险及做出反应的能力得到增强，从而减少发生意外及附带成本或损失的情况。

（三）识别和管理跨企业的风险

战略风险管理还能识别并管理跨企业风险。每家公司都面临着众多对该机构的不同部分产生影响的风险。战略风险管理的好处，仅在于整合公司内部的不同风险管理方法并做综合。可通过三种方法实现整合：集中风险报告、整合风险转移策略以及风险管理纳入公司的商业流程。

（四）抓住机遇

战略风险管理不仅是一种防御机制，还是一种使商机最大化的工具。风险管理还能与公司的增长、风险及回报挂钩。公司接受风险，是创造和保存财富的一环，并预期将获得与风险相当的回报。战略风险管理能增强识别、评估风险及目标实现有关的可接受的风险水平的能力。而且，关于风险敞口的高质量信息能使管理层更加有效地了解自身总体需求，并改善资本分配方式。此外，用于识别风险的适当程序，能激励相关人员深入思考，通过全面考虑各种可能的事件，使管理层致力于识别和积极把握各种机遇。

三、战略风险管理的流程

（一）收集风险信息

管理层需要充分了解公司所面临的风险。风险管理中最大的问题是没有认识到潜在的障碍威胁。公司需要知道损失来自何处，并能够找出受益于损失控制程序的问题领域。然而，风险管理人员不能对未能识别和计量的风险因素采取行动。作为起点，公司应通过正式的检查程序来全面分析风险和损失。这种风险审查允许公司评估真正的成本驱动因素，以便设计适当的损失控制和预防计划，来减少高风险的活动和高成本的损失事件。

因此，管理层应尽力收集所有可能对公司取得成功产生影响的风险信息，包括整个业务面临的较大或重大的风险信息，以及与每个项目或较小的业务单位关联的不太重要的风险信息。风险信息收集程序要求采用一种有计划的、经过深思熟虑的方法，来收集业务的每个方面存在的潜在风险信息，并收集可能在合理的时间段内影响每项业务的较为重大的风险信息。目的并不只是罗列每个可能的风险，而是收集那些可能对运营产生影响的风险信息，即在合理的时间段内，发生风险的可能性的大小。如果公司不得不面对某种风险，而又不知道发生风险的可能性或后果，则对风险信息进行收集可能比较困难。

风险信息收集程序应在公司内的多个层级得以执行。对每个业务单位或项目有影响的风险，可能不会对整个公司产生同样大甚至更大的影响。因此，对整个经济体产生影响的主要风险会分流到各个公司及其独立的业务单位。某些主要风险发生时会产生很大的影响，但发生的频率不高，所以这种风险较难认定。

风险信息搜集的方法之一是集体讨论可能的风险领域。通过这种方法动员知悉情况的人员迅速给予答复，把他们头脑中想到的第一件事情说出来。指定的主持人向每个小组提出一个与风险有关的问题，然后要求小组成员依次说出他们的想法，之后由风险管理小组对集体讨论后收集的所有风险信息进行复核，并且认定核心风险。由于风险信息收集程序一直伴随着讨论和分析活动进行，最后认定的风险与最初收集的一组风险信息相比，可能会有所改变。公司及具体的经营单位最后认定的组织风险，应提供给负责经营和财务管理的人员，以及参与集体讨论的小组。在风险评估开始前，可恰当地对认定结果进行更改。之后，为收集风险信息进行的集体讨论的结果，应提供给未参与讨论的其他单位。应根据来自整个公司的评论和讨论结果，增加已收集的风险信息。风险信息收集并非详尽的分析和讨论活动，但是每个人在短时间内产生的想法或评论，会对其他人的想法和评论起到抛砖引玉的作用。

启动风险信息收集程序的一种不错的方法是，找出列明属于公司层面的重要设施及经营单位的高层级的组织结构图。每个重要的经营单位都可能在全球许多地方建立了设施也可能开展了多种不同的业务。每个单独的设施也会有其自己的部门或职能，其中一些部门相互之间是密切关联的，而另外一些部门与公司投资几无差别。应在整个公司范围内实施风险信息收集程序以识别各独立领域的所有风险。诚然，这很困难，有时甚至是比较复杂的任务。而且公司内处于不同级别的不同成员将从不同的角度考虑某些相同的风险，更高级的管理层一般会注意与经营相关的一组风险信息，但这些风险的水平不尽相同。所有这些风险信息至少应被收集起来，并分别在每一个经营单位及整个公司层面考虑这些风险。

要使风险信息收集程序生效，就要求不只是简单地向所有经营单位发出邮件，还应要求列出其单位面对的主要风险。对这种要求的一般反应将是，给出的答复不一致且涉及范围广泛，并且没有通用的方法。更好的方式是，弄清楚公司内各级别的人员，要求他们担任风险评估人。对每个重大的经营单位，应抽取负责运营、财务、信息技术和单位管理的各类主要人员。这些人员将以识别及帮助评估其所在单位的风险为目标，而这些单位应该是被包括在风险信息收集模型架构之内的。这样的方式可由公司风险管理小组或类似的部门来牵头，如内部审计部。

（二）进行风险评估

风险通常是相互依存的，应依据组织结构考虑和评估风险间的相互依存关系。公司应关注其内部各层级的风险，但实际上各层级可能仅对其范围内的风险实施了控制。每个经营单位负责管理其面临的风险，但是可能受到组织结构中上一级单位或下一单位的风险事件的影响。公司的每个经营单位应认识到，自身遇到的许多风险，均可能对公司内其他单位产生影响。

收集到对公司的各个层级有影响的重大风险信息后，下一步是对风险发生的可能性及相对重大程度进行评估。这对于通过集体讨论快速收集到的风险信息而言尤为重要。可用于评估风险的方法有很多，包括最佳猜想定性法，以及一些详尽、精确的定量方法。

此外，还有大量工具可用来确定风险对公司的影响，如情景设计、敏感性分析、决策树、计算机模拟、软件包和对现有数据的分析。

①情景设计。通常借助公司内部的讨论，形成关于未来情况的各种可能的看法。

②敏感性分析。该分析从改变可能影响分析结果的不同因素的数值入手，估计结果对这些变量的变动的敏感程度。

③决策树。其常用于目标管理中，以证实每个阶段存在的不确定性，根据每种可能的结果出现的可能性及包含的现金流量，评估项目的期望值。

④计算机模拟。利用概率分布，并重复运行，为某项目识别许多可能的情景和结果。

⑤软件包。其旨在协助风险识别和分析程序。

⑥对现有数据的分析。对现有数据做出分析能够有效地掌握过去风险的影响。

在评估风险时，应留意的是概率与不确定性。特别是在识别出大量风险后，评估小组应逐个考虑风险、可能性以及发生的情况（以概率表示，范围为 0～1）。需要强调的是，从本质上来说，风险可能不会保持不变，也不是 100% 会发生。关于概率的另外一个基本规则是，不得将独立的概率估计相加，得出综合估值。

（三）确定风险评级

公司的成功往往可以归结为确认和管理伴随潜在机会及收益的可能风险。大多数公司面临不同的风险类型，且范围广泛。风险一般分为财务风险和运营风险两大类别。风险类型包括市场价格波动的敞口、对手信贷违约和法律责任等。在采取风险管理行动之前，收集风险信息是至关重要的。

接下来，公司的典型做法是确定风险评级，并得出一份列明潜在风险的清单。系统化的程序有助于收集风险信息以及按照数量对风险进行评级，这可以作为关键的第一步，但是有效的风险管理策略一般取决于量化的风险，而这常常通过概率模型技术得到。风险的计量和估值是风险管理中最有难度的工作，但是这对于具有成本效益的风险管理及精明的决策而言是至关重要的。花费一定的时间和资金，利用工具和专门技术，正确地量化公司的主要风险，对于后期的风险管理流程是有帮助的。此外，在识别、量化和缓解风险时，需要注意的一个关键要素是风险之间的相互影响和相互关系。例如，信贷风险的敞口还可能影响市场价格风险；而运营风险，如舞弊可能造成法律及名誉风险。我们应认识到不同公司活动的风险之间的相互影响，这是现在大公司广泛采用的适合公司范围的风险管理方法的一个基础。下一步是按照已确定的重大程度和可能性估值，计算风险评分，并识别最为重大的风险。根据影响及可能性，对风险进行优先次序的排列。评分较高的风险被称作风险推动因素或主要风险。然后，公司应将注意力继续放在这些主要风险上。

进行优先次序排列时，不应仅考虑财务方面的影响，更重要的是考虑对实现公司目标的潜在影响。并非所有的风险经过识别后都是重大风险，非重大的风险应定期复核，特别是在外部事项发生变化时，应检查这些风险是否仍为非重大风险。

公司风险评估小组应逐个识别各个单位，以确定各层级的风险已评估完毕，而且从整个公司来说，风险的可能性和重要估值是适当的。值得留意的是，远离公司总部的、在偏远的地方发生的风险事件可能常常给整个公司带来重大问题。

然后，风险评估小组要监察每一被识别的风险，估计公司承担风险的成本。之后用成本乘以风险因素概率，得出风险的期望值。风险评估小组应与公司内的其他专业人员合作计算风险估值。计算期望值时，无需对成本进行详细的研究，也不需要使用大量的历史趋势和估计作为支持。已识别风险的估值可作为持续的风险矫正决策的基础。

由于市场条件和波动性水平会发生改变，对手的财力会变化，物理环境会变化，地缘政治形势也会变化，所有这些变化可能突然出现，也可能慢慢出现，不易被发现，公司活动产生的风险敞口也可能发生改变。因此，有效的风险管理要求公司持续对风险进行重新评估，并且在公司风险管理架构中加入程序，以评估当前存在的及预期的风险敞口。预测未来敞口是必要的，原因是风险管理的决策是以预期风险水平为基础的。

四、战略风险管理的策略

（一）规避

不确定性规避发生于当管理者认为与给定产品或市场相关联的风险是不可接受的时候。对于公司来说，如果已经运作于一个高度不确定性的市场环境中，不确定性规避就表现为剥离一部分特殊的资产，以适应这个市场的需要。对于还未进入不确定性市场环境的公司来说，不确定性规避则表现为推迟进入市场，直至不确定性降至公司可接受的水平。

（二）控制

公司也可以通过控制关键性的意外环境变化来降低其不确定性。管理人员设法控制变化不定的可变物，将其控制在公司有效经营的风险限制之内，而不是被动地应对不确定性。控制战略的具体措施包括：展开政治活动以获取市场力量、采取战略行动威胁竞争对手进入更易预测的行为模式等。

（三）合作

合作反应与控制反应不同。合作反应为了降低战略环境的不确定性，介入了多边合作而不是单边控制。公司运用合作手段来进行不确定性管理，是公司相互依赖程度逐渐提升和公司协调组织治理权不断下降的结果。合作战略的具体措施包括：与供应商或客户的长期合约、志愿性竞争限制条件、联盟或合资、特许经营、技术使用协定、参与行业公会等。

（四）模仿

公司亦可通过模仿竞争对手的战略来应对不确定性，这种方法最终可能导致行业内各竞争对手实现协调一致。但是，这一协调与控制或合作战略下的协调有着明显区别，在此情况下，没有直接的控制或合作机制。而且，竞争对手的模仿行为很容易被行业领袖预测到，因为竞争者的模仿与行业领袖的战略行动只是存在一个时间差而已。模仿战略一般包括价格模仿战略和产品模仿战略。对产品和流程技术进行模仿，对一些行业来说可能是比较可行的低成本战略。但是，在应付竞争对手的不确定的潜在技术优势时，这一战略就不那么灵验了。

（五）适应

应对不确定性环境的第五大战略反应是提高组织的适应性。不同于控制与合作战略旨在增强组织对外部不确定性环境的预测能力，适应性战略反应旨在增强组织的内在反应能力，而对于外部因素的预测能力则保持不变。

五、战略风险管理的意义

战略风险管理是通过建立有效的信念与边界等管理控制系统及实施完善的内部控制来实现的。管理层通过正式的信念系统和边界系统排除那些与公司战略不相符合并可能带来风险的因素。内部控制则提供了保护资产安全以及防范和发现错误与舞弊的制衡机制。有效的风险管理能释放公司的资源和资金储备，并将稀缺的资源投入与战略相一致并能增加公司价值的活动中。

（一）战略风险管理是应对公司外部环境变化的需要

公司外部环境在急剧变化，全球性的竞争变得异常激烈。在市场环境中发生着 3C 的变化：顾客（customer）在变化，顾客对公司产品的要求越来越高；竞争（compete）在变化，竞争频率加快、竞争的规则在改变，年轻公司战胜年老的公司，小公司战胜大公司；变化（change）的本身在变化，内容在变化、周期在缩短，变化的突然性也增加了。

（二）战略风险管理是科学技术创新发展的需要

科学技术在迅猛发展，技术创新已经成为公司发展的重要动力。但是，公司在研究和开发上的投资面临着技术和市场的不确定性。技术的不确定性来自研究开发的实际进展和产品投入市场的实际要求之间的差异，市场的不确定性来自难以了解现实的和潜在的竞争对手在什么时候通过对技术的变革及新技术的推出对公司研究项目价值产生影响。深圳市的华为技术有限公司主要从事通信设备制造业，是典型的技术、资金密集型公司，属于高风险行业，而通过加大战略风险管理，该公司规避了技术创新风险，保持了持续较快的增长，成了国内电信市场的主要供应商，并成功进入了全球电信市场。

（三）战略风险管理是进行资本经营的需要

资本经营就是公司的兼并、收购、控股、参股等经济活动。麦肯锡咨询公司曾经统计过，公司的兼并和收购存在着较大风险，成功率大概不到 50%。20 世纪 90 年代中期，三九集团便通过兼并开始多元化经营。当时三九集团已经完成了以低成本为主题的第一轮扩张，依靠政策开始大规模兼并，先后收购公司近 50 家。其中，承债式收购几乎占了 50%。然而，在多元化战略实施过程中，由于战略风险管理缺失，非药业领域的扩张结果几乎无一成功。实践证明，如果不能成功规避或转移战略风险，盲目地兼并、收购，反而会把本公司拖垮。

第二节　生产风险管理

一、生产风险的影响因素

生产风险管理主要注重生命损害与财产损失的因素分析、风险评估和采取合理措施进行避险。科学系统地分析公司安全生产风险的影响因素，并确定其风险权重，对提高定量风险评估的科学性，有效实施安全生产风险管理措施具有重要意义。影响公司安全生产风险的因素众多，使得安全生产风险评估的控制水平极为复杂。

（一）原材料

原材料即原料和材料。原料一般指来自矿业、农业、林业、牧业和渔业的产品；材料一般指经过一些加工的原料。如林业生产的原木属于原料，将原木加工为木板，就变成了材料。但实际生活和生产中对原料和材料的划分不一定清晰，所以一般用原材料一词来统称。原材料持续、稳定的供给应能得到保证，尤其要防止原材料品种、质量和价格的变化对公司生产可能带来的不利影响。

（二）生产设备

生产设备是指直接或间接参加生产过程的设备。它是公司固定资产的主要组成部分。生产设备主要包括成套设备系统、单台机械、装置等有形资产。生产设备需要通过在生产成本中提取折旧，以补偿在长期使用过程中物质和技术上的损耗。公司现有的生产设备能否满足新产品生产的要求，以及公司能否获得新产品生产所必需的专用设备是决定公司生产能否正常进行的关键。生产设备的正确选择，对产品的生产效率及成本预算有着重大影响。

（三）生产工艺

生产工艺是指公司制造产品的总体流程与方法，包括工艺过程、工艺参数等。产品的生产工艺应符合产品生产的性能要求，同时也应考虑经济效益指标，要有利于降低生产成本。如果生产工艺采用不当，可能使产品的次品率升高，产品质量下降，价格过高。

（四）技术人员

科技创新，人才为本。人才资源已成为公司最重要的战略资源。技术人才是先进生产力的代表，是推动科技、经济、社会发展的重要力量。高新技术产品的生产一般对技术人员要求比较高，能否获得满足公司要求的技术人员是生产能否顺利进行的关键。

二、生产风险的分析方法

为了实现公司安全生产，实现管理关口前移、重心下移，做到事前预防，达到消除风险、减少危害、控制预防的目的，需要结合公司运营的实际情况，及时识别生产中的所有常规和非常规活动存在的危害因素，以及所有生产现场使用的设备、设施和作业环境中存在的危害源，并采用科学合理的评估方法进行评估。常用的方法有工作危害分析法（JHA）和安全检查表分析法（SCL）等。

（一）工作危害分析法（JHA）

从作业活动清单中选定一项作业活动，将作业活动分解为若干个相连的工作步骤，识别每个工作步骤的潜在危害因素，然后通过风险评估，判定风险等级，制定控制措施。该方法是针对作业活动而进行的风险评估。

（二）安全检查表分析法（SCL）

安全检查表分析法是一种经验的分析方法，是分析人员针对分析的对象列出一些项目，识别与一般工艺设备和操作有关的已知类型的危害、设计缺陷以及事故隐患，查出各层次的不安全因素，然后确定检查项目，再以提问的方式把检查项目按系统的组成顺序编制成表，以便进行检查或评审。安全检查表分析法主要用于对物质、设备、工艺、作业场所或操作规程的风险分析。

三、生产风险的基本管理体系

生产风险管理体系是对公司设计、建设、生产、销售各个环节中有可能出现的损害生命与财产的因素进行分析、评估、干预、监督和管理的一个整体，是预防公司发生安全事故，造成人员生命和财产损失的一种管理方法。生产风险管理的内容主要包括计划管理、组织管理、过程管理、信息管理。生产风险管理涉及四个主要阶段：立项设计、建设施工、生产运营和销售服务阶段。

（一）立项设计阶段风险管理

立项设计阶段主要对项目选址、工艺流程、物料、产品和防火防爆措施进行危险有害因素分析。项目设计阶段安全风险管理主要靠设计单位和评估机构来把关，公司主要是对设计单位、安全评估机构的资质和信誉进行审查，并在安全设施设计中提出安全生产的具体要求。

（二）建设施工阶段风险管理

在建设施工过程中主要是施工承包单位进行安全管理，而公司重点关注设备、设施、材料的质量和施工质量。如果这些方面控制不好，将会形成较大的安全隐患，随时都可能在生产过程中产生安全事故。加强设备、设施、材料质量和施工质量的风险管理是防止物的风险状态的重要措施之一。设备、设施、材料质量管理主要是对建设期设备、设施和材料质量进行管理，对不符合设计要求的设备、设施和材料进行安全分析。新设备、新设施、新材料的使用也要进行风险分析，评估其成熟性。施工质量管理是根据工艺设计、质量和安全设计的要求对施工过程中的偏离进行检查、分析、控制、纠正。必须健全施工的数据档案，为以后的生产安全管理提供风险评估依据。

（三）生产运营阶段风险管理

生产运营阶段的风险管理主要对物的不安全状态、人的不安全行为和管理上的缺陷进行风险管理。造成物的不安全状态的原因主要有设备、设施的缺陷或故障。影响人的不安全行为的因素主要有安全知识、安全意识、行为习惯三方面。管理缺陷是指管理者对安全管理的错误认识或行为的失误而造成的安全隐患，也可以表现为人的不安全行为和物的不安全状态。

（四）销售服务阶段风险管理

随着现代化公司的发展，安全生产不仅仅关系着本公司、周围居民和环境的安全，也同样关系到客户的安全。公司在加强本公司安全生产管理的同时，也要重视销售中的安全管理，防止公司产品在社会上造成危害。产品销售服务阶段的风险管理主要包括销售、运输、使用安全的风险管理和客户安全使用的风险管理。销售、运输、使用安全风险管理要求加强运输过程中和使用过程中的风险分析，提出风险控制措施，加强对销售、运输过程进行定期的风险评估。客户安全使用风险管理主要是对客户的安全管理提供技术支持、使用技能培训，培养客户安全意识，为其建立技能档案，定期对客户进行安全评估，向其提出安全使用方面的具体建议。

第三节 销售风险管理

一、公司经营的价格风险管理

公司的销售收入主要由产品或服务的价格与销售数量决定。制定合适的价格策略和方法直接关系到公司经营的成败。

同时，公司在制定价格策略时也受到很多内外部因素的影响，如果由于外部或内部原因迫使公司大幅度降低产品或服务的价格，则公司的销售收入也可能会大幅度下降，使公司的经营活动陷入困境。

（一）影响定价的主要因素

1. 成本

成本是公司定价的重要影响因素，因为公司定价首先就要考虑能否收回成本。公司的成本主要由原材料采购成本、生产工艺、人工成本、物流成本、销售成本等因素构成。任何一部分成本的明显变化都可能给公司经营带来困难。

近年来，随着中国经济的发展并日益融入世界经济体系，公司所面临的成本波动因素日益突出，主要表现在以下几个方面。

首先，国际市场价格波动在国内的传导越来越频繁。尽管随着中国经济的发展，中国市场也必然成为世界市场的一个重要组成部分，其价格体系也必然与国际市场接轨，但是在国内公司风险管理意识和手段都比较欠缺的情况下，原材料价格剧烈而且频繁的波动可能在短时间内使公司的经营情况恶化。

其次，由于人口红利逐渐消失，我国开始进入人工成本快速上升期，公司的人工成本将持续上升。根据国际经验来看，面对这种情况，公司采取的对策主要有三大类：第一类是采用国际化生产策略，将生产活动转移到人工成本比较低的国家，这种对策在欧美发达国家的大型公司中比较常见；第二类是改进生产方法，如日本在 20 世纪 80 年代开始大量采用机械化、自动化的生产方法，提高生产效率，降低人工成本，成功地将生产设施保留在日本；第三类是进行产品和产业升级，生产附加值更高的产品或者进入附加值更高的产业。

最后，物流成本上升迅速。在国际市场产品成本中，汇率也是一个重要决定因素。由于国际贸易中一般采用国际主流货币，因此即使本国的产品价格不变，以其他国家货币表示的价格也可能由于汇率变化而发生变化。汇率的变动将影响商品在最终消费国的销售价格。例如，某一从事国际贸易的公司将商品价格确定为 100 美元，在 1 美元折合 8.28 元人民币的情况下，在中国的相应价格为 828 元；一旦美元与人民币的汇率变为 1 美元兑换 10 元人民币，则该商品在中国的相应价格就变为 1000 元人民币。虽然美元价格没有变化，但由于人民币汇率的变化，该商品的人民币价格发生了很大的变化，其市场需求必然受到影响。一般来说，本国货币贬值，本国商品的外币价格将降低，出口增加；本国货币升值，本国商品的外币价格将上升，出口减少。

2. 供求关系

供求关系经常处于变化之中，从而使产品价格也处于不断的调整之中。例如，从 2011 年开始，由于国际市场行情不好，同时国内需求疲软，中国的钢铁公司经营状况普遍不好。

3. 竞争

从竞争方面看，市场结构对价格的高低存在很大影响。在完全竞争市场上存在众多的供应商，产品基本不存在差异，产品价格完全是由市场上供求双方的力量对比决定的，在整个国际市场范围内价格差距都很小。在垄断竞争市场上，由于产品本身存在一些差异，也会存在一定的价格差异。在寡头垄断市场上，由于只存在很少的几家供应商，国际市场价格水平的高低在很大程度上取决于这些供应商采取合作还是竞争的策略。如果这些寡头对目前的市场地位和市场份额都比较满意，那么它们就会倾向于保持现状并把价格保持在一个较高的水平上，甚至通过"串谋"行为大幅度提高商品价格；如果其中的一家或几家公司对目前的市场地位和市场份额不满意，对其他公司采取进攻性策略，那么作为市场竞争重要手段之一的价格就可能被降低，甚至可能出现价格持续下降的"价格战"现象。在垄断市场上，只存在一家供应商，市场价格往往偏高。

4. 税费水平

各种各样的税收和费用是商品成本的重要组成部分。

在国内税收中常见的税种有消费税、增值税、零售税、所得税、流转税等。

国际贸易中的关税根据两国之间的贸易关系和适用税率不同，分为普通关税、协议关税、最惠国关税、特惠关税等。

例如，中国对于进口小轿车除了征收进口关税和一些其他费用外，还要征收 17% 的增值税和一定的消费税，再加上各个流转环节的利润和费用，结果使进口小轿车的国内零售价格比国外厂商的出口价格高出许多。

5. 中间商环节

在国际市场上，一国产品从其生产者到达另一国的消费者往往要经过很多中间商环节，如进口商、批发商、零售商，其中批发环节还可以分为多个层次。这些环节会涉及运输费用、装卸与储存费用、进出口关税和其他手续费用、保险费用、国内税费以及中间商利润，导致商品成本和价格的上升。中间商的环节越多，商品价格上涨就越多。例如，中国的服装与鞋类在美国的零售价格是中国出口价格的 4 倍以上。在欧洲，中间商的流通费用比美国还要高。因此，缩短流通渠道成为降低商品零售价格的重要手段。例如，近年来一些美国连锁零售企业已经开始到中国直接采购商品，其目的就是要降低商品采购成本，从而降低零售价格，增加公司盈利。

成本构成因素发生变化，或者成本水平发生变化，会在很大程度上影响公司的定价决策和定价水平，从而影响到公司经营的成败。

（二）公司定价的方法

根据公司定价的目标和思路的不同，可以将公司定价的方法划分为许多不同的类型。

1. 撇脂定价和渗透定价

（1）撇脂定价

所谓撇脂定价，即在产品生命周期的最初阶段，把产品的价格定得很高，以取得最大利润。在以下条件下公司可以采取撇脂定价方法：市场有足够多的购买者，他们的需求缺乏弹性，即使把价格定得很高，也不会大量减少市场需求。

（2）渗透定价

所谓渗透定价，即公司将其创新产品的价格定得相对较低，以吸引大量顾客，提高该公司市场占有率。公司采取渗透定价方法也需要具备一些条件，即市场需求显得对价格极为敏感，低价会刺激市场需求迅速增长，公司的生产成本和经营费用会随着生产经营经验的增加而下降，低价不会引起实际和潜在的竞争。

2. 产品组合定价

当公司生产的系列产品存在需求和成本的内在关联性时，为了充分发挥这种内在关联性的积极效应，可采用产品线定价策略。在产品定价时，首先，确定某种产品的最低价格，它在产品线中充当领袖价格，吸引消费者购买产品线中的其他产品；其次，确定产品线中某种商品的最高价格，它在产品线中充当品牌质量和收回投资的角色；最后，产品线中的其他产品也分别依据其在产品线中的地位不同而制定不同的价格。

此外，如果公司销售的产品品种较多，而成本相差不大时，为了便于顾客挑选和内部管理的需要，可以采取单一价格定价。

3. 价格折扣和折让

公司为了鼓励顾客及早付清货款及大量购买、淡季购买，还可以酌情降低其基本价格。这种价格调整叫作价格折扣和折让。价格折扣和折让有以下五种类型。

①现金折扣。即公司给那些当场付清货款的顾客一种减价。

②数量折扣。即公司给那些大量购买某种产品的顾客的一种折扣。

③功能折扣。又叫贸易折扣，是指制造商给某些批发商或零售商的一种额外折扣，促使它们愿意实行某一种市场营销功能。

④季节折扣。这种价格折扣是公司给那些过季商品或服务的顾客的一种减价，使公司的生产和销售在一年四季保持相对稳定。

⑤折让策略。这包括以旧换新的折扣、促销折扣等。促销折扣是指经销商如果同意参加制造商的促销活动，制造商卖给经销商的货物可以打折扣。

在运用折扣策略时，必须注意折扣战术和折扣战略的区别。折扣用作战术时，一般时间周期短，比较独立，无其他策略相辅助。但是，折扣被公司用作战略时则不同了，由于其周期较长，要求公司有其他销售活动与其相配套，同时还要对竞争对手的市场动向有不同考虑，既要了解市场竞争者的经济实力，又要为折扣实行后的直接经济后果做出充分估计。

4. 需求差别定价

需求差别定价也叫作价格歧视，就是公司按照两种或者两种以上不反映成本费用的比例差异的价格销售某种产品或劳务。需求差别定价有以下四种形式。

①公司按照不同的价格，把同一种产品或劳务卖给不同的顾客。

②公司对不同型号或形式的产品分别制定不同的价格，但是，不同型号或形式产品的价格之间的差额和成本费用之间的差额并不成比例。

③公司对于处在不同位置的产品或服务分别制定不同的价格，即使这些产品或服务的成本费用没有任何差异。

④公司对于不同季节、不同时期甚至不同种类的产品或服务也分别制定不同的价格。

5. 心理定价

（1）声望定价

声望定价是指公司利用消费者仰慕名牌商品或名店的声望所产生的某种心理来制定商品的价格，故意把价格定成整数或高价。

（2）尾数定价

尾数定价又称奇数定价，是指利用消费者数字认识的某种心理制定尾数价格，使消费者产生价格较低的感觉，还能使消费者产生定价认真，有尾数的价格是经过认真的成本核算才产生的感觉，使消费者对定价产生信任感。

（3）招徕定价

招徕定价即利用部分顾客求廉的心理，将某几种商品的价格定得比较低，以吸引顾客光顾。

6. 地区定价

地区定价策略就是公司决定卖给不同地区顾客的某种产品，是分别制定不同的价格还是制定相同的价格。地区定价的形式主要有以下五种。

（1）原产地定价

这是指按照出厂价购买某种产品，公司只负责将这种产品运到产地的某种运输工具上。交货后，从产地到目的地的一切风险和费用均由顾客承担。

（2）统一交货定价

这是指公司对于卖给不同地区顾客的某种产品，都按照相同的出厂价加上相同的运费定价。

（3）分区定价

这是指公司把全国分为若干价格区，对于卖给不同价格区顾客的某种产品，分别制定不同的地区价格。公司采用分区定价也有问题：在同一价格区内，有些顾客距离公司较近，有些顾客距离公司较远，前者就不合算；处在两个相邻价格区界两边的顾客，他们相距不远，但是要按高低不同的价格购买同一种产品。

（4）基点定价

这是指公司选定某些城市作为基点，然后按一定的出厂价加上从基点城市到顾客所在地的运费来定价。

（5）运费免收定价

有些公司急于在某些地区做生意，愿意负担全部或部分实际运费。

（三）公司价格竞争策略

1. 领导价格策略

领导价格策略指在一个行业中由某一家厂商率先制定价格，其他公司则相应跟着定价或变价。实行领导价格策略必须满足一定条件。成功的领导价格需要满足三个基本的要求。第一，在整个行业中，定价行为必须是公开的。如果公司的价格是保密的，谁也不知道其他竞争企业是如何定价的，那么公司就很难从容地提高或降低价格。第二，整个行业必须有共同的动机，即通过更好的定价来促进利润增长，而不是为了实现销量的急剧增长。第三，在其他竞争企业内部一定要有坚持不懈地跟随领导价格的决心。成为一个真正的领导价格公司需要进行艰难的抉择，要放弃一些可能增加公司销量的客户，实现对一线价格决策的强有力的控制，或者在提价的过程中把自己的行动清楚地表达给消费者。实行领导价格策略的多半是行业中具有比较大的市场份额的或影响力的公司。

2.跟随价格策略

跟随价格策略即以市场领导公司的价格为基准，根据自身产品的状况制定相应的价格。采用这种策略的主要是一些实力较弱的中小公司。有时一些希望维持市场现状的大型公司也采取这种策略。这种策略的优点是，当市场上的大部分公司都采取这种策略时市场竞争态势比较稳定，不会由于部分公司大幅度降低产品价格而导致激烈的价格战，不会最终形成大部分公司两败俱伤的行业不利状况。

3.进攻价格策略

进攻价格策略即公司根据某一市场的一般价格水平，制定明显偏低的价格，使自己的产品具有较高的性价比。采取这种策略的公司通常是对自身市场份额不满意并急于扩大市场份额的大公司或者刚刚进入国际市场的大公司。

二、公司经营的渠道风险管理

销售渠道是指某种商品或劳务从生产者向消费者转移的过程中，取得这种商品或劳务的所有权，或帮助所有权转移的所有公司和个人。分销渠道包括商人中间商和代理中间商，还包括处于销售渠道起点和终点的生产者和最终消费者与用户，但是不包括供应商和辅助商。

（一）渠道层次

销售渠道可根据其渠道层次的数目来分类。在产品从生产者转移到消费者的过程中，任何一个对产品拥有所有权和负有推销责任的机构，都称为一个渠道层次。

零层渠道通常叫作直接销售渠道，指产品从生产者直接流向最终消费者的过程中，不经过任何中间商转手的销售渠道。直接销售渠道主要用于分销产业用品，这是因为许多产业用品要按照用户的特殊需要制造，有高度的技术性，制造商要派遣专家去指导用户安装、操作、维护设备。用户数目较少，某些行业工厂往往集中在某一地区，这些产业用品的单价高，用户购买批量大。

除了产业用品，在现代市场营销中，某些消费品有时也运用直接销售渠道分销，主要包括四种情况。①农民自产的农产品，自产自销。②一些公司自己开设零售商店和门市部，将商品卖给了最终的消费者。③有些制造商采取邮购方式，将其产品直接销售给最终消费者。④制造商通过电视、电话、网络等形式将其产品直接销售给最终消费者。

渠道层次越多，则渠道费用也相应越高；而渠道层次过少，则很难覆盖目标顾客的范围。

渠道层次多少并不存在一个绝对的标准，同样必须遵循适应性原则。以我国家电行业为例，20世纪80年代的销售渠道以综合零售商（如百货商场）为主；20世纪90年代开始，以国美电器为代表的专业销售商逐渐取代综合零售商（如百货商场）；而进入21世纪，特别是2008年以来，以京东商城和天猫、淘宝为代表的大型电子商务公司则又对苏宁电器、国美电器等专业大卖场形成了很大冲击。

（二）渠道设计

1. 影响渠道设计的因素

①产品。如易腐、过重、非标准化、技术性强的产品适宜采用较短的渠道通路。

②公司。如公司的财务状况好、渠道管理能力强，可以考虑采用较短的渠道通路。

③竞争者。按照双方实力差距或经营策略差异选择相同或不同的渠道通路。

④中间商。如市场上存在的分销商具有较强的分销能力和较好的合作态度，则可以考虑选择现有渠道，否则就要考虑开发新的销售渠道。

⑤市场环境。当市场不景气时，公司要以最经济的方法进入市场，降低售价，此时应考虑采用较短的渠道通路。

2. 渠道设计的过程

渠道设计要经过分析消费者的服务、确定渠道目标、列出渠道备选方案、评估备选方案、确定渠道方案五个步骤。

（1）分析消费者的服务

在这一阶段，公司要重点分析客户或消费者的需求批量大小、等候时间、空间便利、产品选择和服务支持等方面的内容。

（2）确定渠道目标

常见的渠道目标有以下几点。①购买便利：确定顾客走多远的距离、等待多长时间能买到商品，从而决定整个市场的铺货率。②销售支持：需要渠道成员提供怎样的销售支持。③售后服务：确定对最终顾客的售后服务水平。④成本效益：公司营销有利润目标，而分销也要制定出自己的利润贡献目标。

（3）列出渠道备选方案

在设计渠道备选方案时，主要考虑渠道长度、渠道宽度、渠道广度、渠道系统、零售商类型等几个方面的因素。

渠道长度方面主要考虑渠道层次的多少，如零层、一层、二层、三层等。

渠道宽度主要考虑密集分销、选择性分销、独家分销等不同的渠道宽度策略。密集分销是指制造商尽可能地通过许多负责任的、适当的批发商、零售商推销其产品，消费品中的便利品和产业用品中的供应品，通常采取密集分销策略，使广大消费者和用户能随时随地买到这些日用品。选择性分销是指选择少数合格的经销商经销本公司的产品，消费品中的选购品和特殊品比较适合采取选择性分销策略。独家分销是指制造商在某一地区仅选择一家中间商推销其产品，通常双方签订独家经销合同，规定经销商不得经营竞争者的产品，以便控制经销商的业务经营活动，调动其经营的积极性，以占领市场。

渠道广度是指选择单一渠道还是多渠道。单一渠道是指公司只采用唯一的一种销售渠道，例如，某家店的产品可以全部通过自己的专卖店来销售。多渠道是指制造商通过多条渠道将相同的产品送到不同的市场和相同的市场上。例如，一个家电企业既可以通过自己的专卖店销售产品，也可以通过家电卖场出售自己的产品，还可以同时在线下和线上出售自己的产品。单一渠道的好处是渠道控制性比较好，但会大大降低公司经营的灵活性，如某些加工公司单纯依赖出口订单，一旦出口不畅就面临比较大的问题。多渠道同样面临很多风险，主要是渠道控制性比较差，如多种不同渠道的价格竞争、不同渠道的串货等。

渠道系统是指采用传统渠道、垂直渠道、水平渠道等形式。

传统渠道系统是指由彼此独立、各自为政、各行其是的成员组成的销售渠道。传统渠道系统是最常见的渠道形式，如家电厂商将产品卖给独立的家电经销企业。传统渠道系统中的成员彼此利益独立、相互竞争，因此联系松散、交易关系很不稳定，影响了整体渠道的运行效率和经营效益。

垂直渠道系统是一个实行专业化管理和集中计划的组织网，在此网络系统中，各个成员为了提高其经济效益，都采取不同程度的一体化经营或联合经营。这种系统的经营规模、交换能力和避免重复经营的特性，使得其有可能实现规模经济，并与传统渠道系统展开有效的竞争。垂直渠道系统主要有三种——公司系统、管理系统和合约系统。公司系统是指一家公司拥有和统一管理若干工厂、批发机构、零售机构等，控制市场营销渠道的若干层次，甚至控制整个市场营销渠道，综合经营生产、批发、零售业务，如美国苹果公司既自己设计、组织生产产品，又通过自己的专卖店销售这些产品。管理系统是指大制造商为了实现其战略计划，在销售促进、库存管理、定价、商品陈列、购销业务等问题上与零售商协调一致，或给予其帮助和指导，与零售商建立协作关系，如可口可乐、宝洁等公司都与经销商签订非常复杂的经销协议，在价格、产品陈列等方面做出严格规定。合约系统是指不同层次的独立制造商和经销商为了实现其单独经营所不能及的经济性而以合约为基础形成的联合体，如农产品销售合作社。

水平渠道系统是指在同一层次的若干制造商之间、若干批发商之间、若干零售商之间采取横向联合经营的方式，自愿组成短期或长期联合关系，共同拓展新出现的市场营销机会。这种联营主要是由于单个公司无力单独承担各自进行经营所必须具备的巨额资金、先进技术、生产设备及市场营销设施，或是由于风险太大不愿单独冒险，或是由于期望能带来更大的协同效应等。

零售商一般分为专卖店、百货店、超级市场、便利店、折扣店等不同类型。专卖店也称为专业商店，是指专门经营某种产品的商店，其经营范围很窄，但产品的花色品种较为齐全。百货店一般指同时销售很多不同种类产品的较大型的零售商，其经营范围较大，但产品花色品种一般较少，主要是知名品牌，常见的产品种类包括化妆品、珠宝首饰、品牌服装、品牌家电和家庭用品等。超级市场的经营范围也比较大，采取自我服务的形式，经营的产品多为低值易耗品，如食品、家庭用品、非品牌服装、家电等，其特点是规模大、成本低、毛利率低、销售量大。便利店是指设在居民区附近的小型商店，其营业时间长，每周营业七天，销售品种范围有限、周转率高的日常生活用品。折扣店是以销售自有品牌和周转快的商品为主，限定销售品种，并以有限的经营面积、简单的店铺装修、有限的服务和低廉的经营成本，向消费者提供"物有所值"的商品为主要目的的零售业态。

（4）评估备选方案

分销渠道评估的实质是从那些看起来似乎合理但又相互排斥的方案中选择最能满足公司长期目标的方案。因此，公司必须评估各种可能的渠道选择方案。评估标准有三个，即经济性、控制性和适应性。

首先，经济性标准是最重要的标准，这是公司营销的基本出发点。在分销渠道评估中，应该将分销渠道决策所可能引起的销售收入增加同实施这一渠道方案所需要花费的成本做一比较，以评估分销渠道决策的合理性。其次，是控制性标准。公司对分销渠道的设计和选择不仅应考虑经济效益，还应该考虑公司能否对其分销渠道实行有效的控制。因为分销渠道是否稳定对于公司能否保持其市场份额、实现其长远目标而言是至关重要的。公司对于自销系统是最容易控制的，但是由于成本较高、市场覆盖面较窄，不可能完全利用这一系统来进行分销。而利用中间商分销，就应该充分考虑所选择的中间商的可控程度。一般而言，特许经营、独家代理方式比较容易控制，但公司也必须相应做出授予商标、技术、管理模式以及在同一地区不再使用其他中间商的承诺。在这种情况下，中间商的销售能力对公司影响很大，选择时必须十分慎重。如果利用多家中间商在同一地区进行销售，公司利益风险比较小，但公司对中间商的控制力就会相应削弱。不同公司对分销渠道控制力的要求是不同的，并非所有公司、所有产品都必须对其分销渠道实行完全的控制。如市场面较广、购买频率较高、消费偏好不明显的一般日用消费品就无须过分强调控制力；而购买频率低、消费偏好明显、市场竞争激烈的高级耐用消费品，对于分销渠道的控制就十分重要。最后，适应性标准也很重要。在评估各渠道方案时，要考虑分销渠道是否具有地区、时间、中间商等适应性。

（5）确定渠道方案

通过以上步骤，公司根据自身的目标和内外部条件，确定适合自己的渠道方案。

第四节　物流风险管理

一、公司物流风险

（一）公司物流风险的概念与特点

1. 公司物流风险的概念

截至目前，仍然只有为数不多的文献提到"公司物流风险"这个词，并且对公司物流风险概念的界定基本上还是空白。有的文献将公司物流风险理解为公司物流外包的有关风险，或者理解为（第三方）物流公司风险；有的文献认为公司物流风险是指公司物流系统所面临的不确定性对公司预期目标的影响。公司物流风险包括公司行使物流职能、组织物流活动所面临的各种风险。对公司物流风险的定义为，对公司物流业务运作产生不利影响或破坏公司物流系统运行环境，而使得公司物流管理目标无法实现，甚至导致公司物流系统失败的不确定性因素或意外事件。

2. 公司物流风险的特点

公司物流是综合物流，这意味着需要从供应链、所有物流功能、物流业务与经济关系、物流业务与自然环境因素等多角度分析公司物流业务运作存在的风险。公司物流风险除了具有一般风险的特点之外，还有自己的一些特点，表现为整体性、多样性、复杂性、综合性、具体性等。

（1）整体性

公司物流风险会对公司整体的生产经营活动产生重大的影响：即对公司经营目标、生产运作过程、物流目标、物流战略、客户服务水平等都有重要影响。公司物流风险是公司供应、生产、销售、回收等各环节的总风险，必然要求公司从供应链角度跨公司和跨部门来整体协调考虑。

（2）多样性

公司物流的每一项业务运作都面临各种不同的风险，既有自然风险，也有社会风险和人为风险。从责任形态上划分，既有合同风险又有侵权风险，呈现出风险的多样性；从内容上划分，既有公司生产物流风险、公司供应物流风险、公司销售物流风险，又有公司回收物流风险、公司废弃物物流风险；从基本业务角度上划分，既有信息传递的风险、运输风险、仓储风险，又有搬运风险和包装风险。

（3）复杂性

一方面，实际的公司物流业务运作可能仅涉及单一的物流功能，也可能涉及两项或两项以上的物流功能；另一方面，公司物流网络复杂化、涉及成员分散化的特点都会导致公司物流风险呈现复杂性特征，给公司物流风险管理带来更大的困难。

（4）综合性

公司物流风险可能来自公司的外部因素，如环境因素的变化、外部供应条件的改变、所在供应链成员公司的改变等；也可能来自公司的内部因素，如内部资源和能力的变化使得现有资源和能力不能有效支持公司物流系统以实现其既定的客户服务目标。因此，公司物流风险必然要系统地从整个公司的内外部以及公司所在供应链网络本身来考虑。

（5）具体性

每一个公司的每一项物流业务都有其自身的、独立的和独特的运作环境，因此必须考虑公司具体情况和具体物流业务情况来对公司物流风险进行分析和管理。

（二）公司物流风险的成因

公司物流风险是指对公司物流业务运作产生不利影响或破坏公司物流系统运行环境，而使得公司物流管理目标无法实现甚至导致公司物流系统失败的不确定性因素或意外事件。而这些不确定性因素或意外事件有很多，如公司作为加工、储存和运输货物的货主，面临着货物在物流过程中可能遭受损坏、灭失的风险；作为厂房、设备等生产资料的所有人，面临着这些资产可能因自然灾害或意外事故而损毁的风险；作为物流服务的采购方，面临着由于物流服务商违约而带来的各种风险；作为货物买卖合同的签订方，面临着由于交货不准确、不及时而带来的违约责任风险等。公司物流风险的成因不外乎需求因素、供应因素、环境因素、运作过程因素、制度控制因素、风险减少及应急计划因素。

1. 需求因素

需求因素是来自公司物流活动下游的风险因素，通常与潜在或实际发生的物流、信息流、资金流的不确定性相关，其产生于公司和市场的网络连接之中。需求因素包括：依赖于少数大客户，因促销而难以预测的需求大幅波动，重要订单提前期的改变，重要订单满足率的改变，不可预测的季节性需求波动，重要客户财务状况的恶化，频繁、快速的新产品上市，较低的客户忠诚度等。

2. 供应因素

供应因素是来自公司物流活动上游的风险因素，源于上游公司在提供产品、信息方面所存在的潜在和实际的不确定性。供应因素包括：依赖于少数没有候补的关键供应商，供应商潜在财务困难，供应商交货期长，供应商质量问题，供应商排程能力不足，供应市场生产能力短缺，缺乏供应商绩效评估指标，供应商计划和满足需求的能力不足等。

3. 环境因素

环境因素来自公司物流之外的不可控因素。这类风险因素通过公司的供应商和客户或直接影响公司物流活动的进行。环境因素包括污染、动力供应中断、风暴洪涝、火灾、罢工、产业政策调整等。

4. 运作过程因素

公司实施的一系列增值管理活动构成运作过程。这里的运作过程因素一般是指物流业务运作过程引发的物流配送的延迟，甚至导致供应物流中断的不稳定性因素。物流业务运作的效果依赖公司物流系统功能，一旦物流系统的正常功能无法实现，就会造成产品数量和质量水平的波动，从而产生风险。运作过程因素包括：产量低于预期，生产质量低于市场可接受水平，采购的质量和精确度控制不足，系统不稳健、不精确，备份不充分，公司不能及时有效地响应客户需要及促进其需求等。

5. 制度控制因素

与运作过程因素不同，制度控制因素与计划相关，而运作过程因素则侧重于执行。虽然这两个方面相互联系、相互依存，但是从实际操作方面和计划管理方面来讨论物流系统风险是很有必要的。制度控制因素通常是指决定公司如何对物流活动过程施加控制的一系列规则、制度和程序。这包括财务及库存控制、需求管理与预测及采购、财税金融制度、环境政策法规、员工义务制度、操作安全和工作时间法令等。

6. 风险减少及应急计划因素

物流活动本身要考虑风险减少的策略，因此，缺乏风险减少策略本身就是风险。典型的风险减少策略包括库存、产能、双重供应来源、配送替代方案、备份措施等。应急计划是指预防计划和识别风险后可动员的资源。公司物流风险预防措施的关键是平常有一套合理的风险减少及应急计划，以降低物流活动发生的风险，并在风险发生时能够进行有效应对。

（三）公司物流风险的分类

对公司物流风险进行分类是识别、评估和管理公司物流风险必须优先解决的问题。由于公司物流风险具有整体性、多样性、复杂性、综合性、具体性等特点，且成因多种多样，因而可以采用多种分类标准和方法。除了可以按公司物流风险成因进行分类外，还可以按物流基本功能、物流基本内容、物流基本业务和物流系统基本要素等标准对公司物流风险进行分类。

1. 按公司物流风险成因分类

由于公司物流风险的成因不外乎需求因素、供应因素、环境因素、运作过程因素、制度控制因素以及风险减少及应急计划因素等，因而与之相对应的公司物流风险包括以下几种。

（1）需求风险

由于用户需求变化，造成销售物流目标不能实现，而给物流活动带来的风险。

（2）供应风险

由于公司供应商物资供应出现问题，造成生产物流目标无法完成，而给物流活动带来的风险。

（3）环境风险

无法预料的外部事件、自然灾害等物流系统外部环境不正常变化造成物流决策困难，物流计划受阻，而给物流活动带来的风险。

（4）运作过程风险

物流运作过程中产量、质量、设备、客户需求等因素发生变化，造成物流目标实现受阻，而给物流运作带来的风险。

（5）制度控制风险

管理制度不健全、执行失败等，造成物流活动不能顺利进行，而给物流活动带来的风险。

（6）风险减少及应急计划风险

公司物流风险预防计划措施不够合理有效、执行失败等，造成物流活动不能正常进行，而给物流活动带来的风险。

2. 按公司物流基本功能分类

所谓公司物流的基本功能，即公司物流活动应该具有的基本能力，以及通过有效组合物流活动，形成物流的总体功能，以达到物流的最终经济目的，主要涉及采购、包装、运输、储存保管、装卸搬运、配送、废旧物的回收与处理，以及与上述职能相关的物流信息等，所以与之相对应的公司物流风险包括以下几种。

（1）采购风险

公司从制订采购计划开始，至物资采购、运输回厂、验收入库，直到生产车间领出材料，投入生产加工为止的一系列运作过程所面临的各种风险。

（2）包装风险

未能防止产品在储存和运输过程中发生损坏，未能使产品的储存和移动更加容易，从而造成物流成本增加的风险。

（3）运输风险

由运输过程中遇到的各种自然灾害和意外事故造成的损失（包括非故意的人为因素引起的损失）以及为减少损失而采取的某些救助措施而发生的额外费用，从而造成物流成本增加的风险。

（4）储存保管风险

储存保管过程中面临的各种自然灾害和意外事故以及储存保管不当造成的仓储损失风险。

（5）装卸搬运风险

由于装卸搬运安排和操作不合理，出现浪费、破损、变质和偷盗现象，从而造成装卸搬运损失的风险。

（6）配送风险

在货物的配送过程中因自然灾害或意外事故而造成的货物损毁风险，非人为因素造成的无法及时按量、按质将货物送到客户手中的风险以及人为因素造成的，特别是骗货和骗取货款的风险。

（7）废旧物的回收与处理风险

在废旧物的回收与处理过程中未能达到降低公司物料成本、满足用户需要和环境保护要求等目标的风险。

（8）物流信息风险

在物流活动过程中产生及使用的必要信息未能如实反映物流活动内容、形式、过程以及发展变化，进而造成物流损失的风险。

3. 按公司物流基本内容分类

公司物流内容包括公司供应物流、公司生产物流、公司销售物流、公司回收物流和公司废弃物物流五种典型的物流活动，与之相对应的公司物流风险包括以下几种。

（1）公司供应物流风险

公司在组织原材料、零部件、燃料、辅助材料等供应的物流活动过程中所面临的风险，包括生产物资的采购以及外购物资的仓储、搬运等的风险。

（2）公司生产物流风险

公司生产加工过程中的物流活动所面临的风险，包括物料（原材料、辅助材料、零部件、在制品、成品）经历生产系统的各个生产阶段或工艺的全部运行过程中的风险。

（3）公司销售物流风险

公司在销售过程中将产品的所有权转给用户的物流活动所面临的风险，包括销售包装、运输、配送、储存和信息处理等环节的风险。

（4）公司回收物流风险

公司在回收余料、废料、包装容器或返回产品的物流活动过程中所面临的风险，包括回收不及时、回收方式和方法不合理、用户不满意等风险。

（5）公司废弃物物流风险

公司进行废弃物的运输、装卸、处理等物流活动过程中所面临的风险，包括废弃物处置方式不当、未能达到保护环境的目标等的风险。

4. 按公司物流基本业务分类

公司物流的基本业务包括信息传递、运输、仓储、搬运和包装五个环节，与之相对应的公司物流风险包括以下几种。

（1）信息传递风险

信息系统故障导致操作失败和信息服务未及时提供或无法提供的风险。

（2）运输风险

运输风险包括由于运输合同主体资信不足，导致合同无效或无法履行，甚至被诈骗；运输合同条款约定的权利与义务不合理，导致承运人承受不合理的风险；合同履行中未及时检验、移交、接收及接受货主特殊指示而产生的违约风险；道路交通事故、船舶碰撞损害赔偿风险；因货物运输、保管不当造成货损、灭失的损害赔偿风险；货物迟延交付、误交付的违约赔偿风险。

（3）仓储风险

仓储风险包括储存物验收不明的风险，储存物变质、损毁、灭失的风险，以及交付不当的风险。

（4）搬运风险

搬运风险包括货物误交风险，交接时未及时检验、通知的风险，搬运货物损害风险，以及搬运安全事故风险。

（5）包装风险

包装风险包括包装条款不明确的风险、包装条款履行不当的赔偿风险、危险货物包装不明的风险以及包装检验检疫不合格的风险。

5. 按公司物流系统基本要素分类

公司物流系统是指在一定的时间和空间的范围内，由包装、装卸、搬运、运输、仓储、流通加工、配送和废弃物回收处理等活动涉及的物质、能量、人员和信息等要素相互作用、相互依赖和相互制约所构成的有机功能体。作为公司物流系统，离不开人、管理、设施、物品、环境等基本要素，从这些要素出发考察形成公司物流风险的原因，有人的原因、管理的原因、设施的原因、物品本身的原因，与之对应的公司物流风险包括以下几种。

（1）人为因素的风险

由于从事或参与物流活动的人员素质不高、经验不足、能力不够、行为不当或协调不好造成的物流风险。这里的人可以是公司内部的，也可以是供应商。人为因素是公司物流风险管理中最关键、最活跃、最主动的因素。

（2）管理不当的风险

由于公司物流管理方法不当、措施不力以及决策失误、规划计划错误造成的物流风险。管理是公司物流风险控制的精髓，是实现公司物流高效率和高效益的根本手段。

（3）设施造成的风险

由于设施的低效率或故障造成的公司物流风险。公司物流相关的设施包括物流支持系统的设备，也包括运输、仓储、搬运甚至生产设备以及仓库等。设施的性能和运行表现直接影响公司物流管理目标的实现。

（4）物品本身原因的风险

由于物品本身的特殊性造成的可能的物流风险。物流运作过程中不同类型的物品对物流系统性能的要求是不同的。如保鲜品要求必须在限定的时间内送达，对运输、保管、搬运过程有特殊要求，对保鲜品的运输配送造成质量风险的可能性就大。冷冻制品必须使用冷藏车运输并使用冷库保存，除质量风险较大外，物流成本也比较高。

二、公司物流风险管理

（一）公司物流风险管理的概念、意义和目标

1. 公司物流风险管理的概念

风险管理是随着社会的进步和经济的发展而产生和发展起来的，人们对风险管理的认识也随着社会的进步和经济的发展而日渐成熟。20 世纪 90 年代后期以来，全面风险管理的概念越来越清晰，并成为现代风险管理概念的主流。尽管目前国内外关于全面风险管理的定义未完全统一，但都认同全面风险管理包括两个基本含义：一是风险管理要覆盖所有的风险因素，这些因素来自不同风险种类、不同地理区域、不同业务部门和不同管理层面；二是强调从机构整体的角度对风险因素进行全面的汇总和整合。这种汇总和整合强调的是针对风险重叠的处理，针对风险相关性的处理和组合投资多样化分散风险的效用。其职能至少包括三个方面：一是负责直接管理一些风险；二是协调别的职能部门最终要负责的风险管理活动；三是为高级管理层提供总的风险监控方法。全面风险管理是现代风险管理的最新发展，因此我们应该努力依据全面风险管理的要求进行公司物流风险管理。借鉴全面风险管理的基本理念，可以把公司物流风险管理定义为，公司各相关部门围绕公司物流风险管理目标，采用与公司物

流风险管理相适宜的技术方法，对公司物流风险进行管理准备、管理实施、管理报告和管理监督改进的动态的连续不断的过程。

2. 公司物流风险管理的意义

任何一个公司在经营过程中都会遇到一些使物流活动效率降低，甚至可能导致物流中断的风险。因此，开展公司物流风险管理工作，有利于明确公司内外部相关责任主体的风险责任，并积极采取相应措施控制和降低物流风险。

（1）公司物流风险管理的必要性

①公司物流风险管理为对公司物流风险进行全面、合理的识别、评估、预警、应对与控制提供了可能性。公司物流风险管理以对风险的识别衡量和科学分析为基础，使其既能够为风险损失的出现与衡量提供科学、准确的计算基础，以正确识别、衡量风险，为预警、应对与控制风险提供科学决策基础，又能够用科学、系统的方法，对各种风险对策的成本与效益加以比较，从而得到各种对策的最佳组合。

②公司物流风险管理综合利用各种措施，在风险的预警、应对与控制上具有科学性和综合性。公司物流风险管理既注重防止风险的发生，使风险发生所带来的损害最小，又注重在风险发生造成损害时，有预先筹措的资金作为后备，给予财务补偿。通过综合利用风险的避免和排除以及风险的自留和转移等方式，采取不同的组合以期达到总体效果的优化。因此，公司物流风险管理破除了那种传统的以单一手段处理风险的局限性，而且由于公司物流风险管理的综合协调，也有利于降低成本、减少费用。

（2）公司物流风险管理对公司具有重要意义

公司可以通过公司物流风险管理以最小的消耗把公司物流风险损失减少到最低限度，达到最大程度的安全保障。公司物流风险管理可以增强公司物流管理能力，保障公司物流活动顺利进行，实现公司的经营管理目标。具体来说，这主要体现在以下四个方面。

①公司物流风险管理能够为公司提供安全的物流活动环境。由于其为物流活动提供了各种保证措施，从而消除了公司物流活动中可能存在的隐患，保证了物流活动的正常进行。

②公司物流风险管理能够保障公司物流管理目的的顺利实现。供应链及物流管理的全部目的在于，保证供应链总成本增幅较小的同时，按客户要求提供服务。实施公司物流风险管理恰恰可以使公司物流管理目标的实现建立在更稳固的基础上。公司物流风险管理的实施能够在满足客户要求的同时增加公司收

入或减少公司支出，可以使公司物流的风险损失减少到最低限度，并能在损失发生后及时合理地得到经济补偿，这就会直接或间接地减少公司供应链总成本的增加额度，从而保障了公司物流管理目标的实现。

③公司物流风险管理能够促进公司物流决策的科学化，降低决策的风险。公司物流风险管理利用科学系统的方法，预警、应对与控制各种物流风险，有利于公司降低或消除决策失误风险等。这对公司科学决策、正常物流活动而言都具有重大意义。

④公司物流风险管理能够促进公司经营效益的提高。公司物流风险管理是一种以最小成本达到最大安全保障的管理方法，通过有效预警、应对与控制物流风险，来避免或减少物流风险损失，从而起到了间接提高经营效益的作用。此外，公司物流风险管理要求企业各相关部门均要提高经营管理效率，减少风险损失，这也促进了公司经营效益的提高。

（3）公司物流风险管理的社会意义

公司物流风险管理不仅对公司具有重大意义，而且影响着整个经济、社会的发展，这主要体现在以下两个方面。

①公司物流风险管理有利于资源的有效配置。公司物流风险管理不是消极地承担物流风险，而是积极地防止和控制物流风险。它可以在很大程度上减少物流风险损失，并为物流风险损失提供补偿，促使更多的社会资源合理地向所需部门流动。因此，它有利于消除或减少物流风险存在所带来的社会资源浪费，有利于提高社会资源的利用效率。

②公司物流风险管理有利于经济的稳定发展。公司物流是社会物流的基础，而社会物流又是经济发展的重要支柱之一。公司物流风险管理的实施可以有效预警、应对与控制各种公司物流风险，也有助于消除社会物流风险给经济、社会带来的危害及由此而产生的各种不良后果，有助于社会生产的顺利进行，促进经济稳定发展和效率的提高。

3. 公司物流风险管理的目标

公司物流风险管理是公司物流管理活动的一部分，公司物流风险管理的目标是实现公司物流管理的目标，最终实现公司经营的整体目标。目前，理论界和实业界对公司经营目标尚未定论，但公司价值最大化理论被广泛接受。从公司价值最大化的角度出发，公司物流风险通过风险损失成本和风险管理成本两种方式影响着公司现金流的期望值和变动水平，从而影响公司价值。然而，在特定的物流风险类别中，风险损失成本和风险控制成本是一种此消彼长的关系。

例如，同样的运输物品，如果增加投保费用支出，则可以降低风险事件发生所造成的损失（因为可以从保险公司获得补偿）。又如，物资库存风险的表现，一方面，过多的物资库存不仅占用大量流动资金，而且要支付很多各种费用，给公司在物流效率和效果上造成风险，但又确实能够帮助降低公司生产物流的风险；另一方面，过少的库存有可能造成物资供应不足，生产过程中断，物流活动受阻，但库存降低又确实有助于减少物资闲置浪费风险。公司物流风险成本越大，公司物流管理效果则越差，公司的价值则越小。因此，从公司价值最大化角度出发，公司物流风险管理的目标就是实现包括物流风险损失成本和物流风险控制成本在内的物流风险总成本最小。

为了实现公司物流风险管理的目标，公司相关部门和人员必须系统地识别和评估公司物流活动所面临的各种风险，采取有力的风险处理措施，以尽可能低的风险成本，实现公司物流活动经济效益和社会效益的最大化。

（二）公司物流风险管理的实施

公司物流风险管理是指公司各相关部门围绕公司物流风险管理目标，采用与公司物流风险管理相适宜的技术方法，对公司物流活动风险进行管理准备、管理实施、管理报告和管理监督改进的动态的和连续不断的过程。根据实际需要，这四个阶段还可以进一步细分为多个具体的环节，而在每个环节中至少要明确本环节的工作内容、方法、步骤以及相应的表单等。管理实施阶段是公司物流风险管理的实质性阶段，是落实公司物流风险管理方案的具体操作过程。

第五章　现代公司经营的财务风险管理

公司在持续经营过程中都会面临财务风险问题。财务风险是客观存在的，因此公司应该重视对财务风险的管理，尽可能降低财务风险。本章分为财务风险概述、资金流动风险管理、投资项目风险管理、客户信用风险管理四部分。本章主要内容包括财务风险的产生、财务风险的概念界定、财务风险的特点与分类、公司财务风险的识别、项目投资风险识别等方面。

第一节　财务风险概述

一、财务风险的产生

财务风险产生于各种具有财务性质的交易之中，这些交易包括销售和购买、投资、借贷以及其他各种各样的商业活动。法律行为、新项目、企业收购和兼并、举债筹资以及能源成本的变化，都有可能导致财务风险的产生。同样，管理层、利益相关者、竞争者和外国政府的活动甚至天气变化，也有可能导致财务风险的产生。

价格的剧烈变动会使公司的成本增加、收入减少，即会对公司的盈利能力产生负面影响。这种财务上的波动还可能会使计划和预算、产品和服务定价以及资本配置变得更加困难。

财务风险有三个主要来源：①公司在利率、汇率、商品价格等市场价格变化方面的风险敞口导致的财务风险；②供应商、客户及衍生工具交易对方等其他公司的行为及与其进行的相关交易导致的财务风险；③公司内部行为或失误，特别是人员、流程、系统方面的失误导致的财务风险。

二、财务风险的概念界定

风险不只是指损失的不确定性，还包括盈利的不确定性，但我们研究的风险是指损失的不确定性。通常认为，财务风险是指公司财务结构不合理、融资不当使公司可能丧失偿债能力而导致投资者预期收益下降的风险。也有学者认为财务风险指的是公司无法按期支付负债融资所应负的利息或本金而有倒闭的可能性，因此又称为违约风险。从预期收益下降和违约风险的关系看，前者为因，后者为果，即预期收益下降可能会导致公司不能偿还贷款、利息而产生流动性风险，甚至使公司陷入资不抵债、不得不破产的危机。但预期收益下降却和财务管理与决策有着紧密的关系，如资金结构不合理或融资决策不科学，没有很好地运用财务杠杆，导致股东的收益降低，为别人打了工，自己的利益没有增加，甚至亏损；如投资决策调研不充分，对市场预期没有很好地掌握，导致投资失败；如经营中财务管理手段落后，导致资产的损失或存货管理不当，占用过多的资金或由于应收账款管理不当导致资金流动性降低。上述均会影响企业的收益，导致违约风险。陈可喜认为，财务风险是指公司在筹资、投资、资金回收及收益分配等各项财务活动过程中，由于各种无法预料、不可控因素的作用，使公司的实际财务收益与预期财务收益发生偏差，因而使公司遭受经济损失的可能性。这个概念说明财务风险的来源是筹资、投资、资金回收、收益分配四个主要财务活动，结果是实际财务收益与预期财务收益的偏差。所以，应该怎么界定财务风险呢？财务风险是在财务活动中产生的，来源于理财活动，有人把经营风险当作财务风险的一种，实际混淆了经营活动和财务活动的区别，经营活动包括财务活动，财务活动是经营活动的组成部分，是经营活动中的理财活动。财务风险是由于理财活动导致的收益的不确定性。所以，它本质上是一种决策风险、流程风险，属于经营风险的范畴。

三、财务风险的特点与分类

（一）财务风险的特点

第一，客观性。财务风险是客观存在的，不可能完全被消灭。客观的财务收益必然存在与预期收益的偏差，不可能完全一致。这是由人的主观性与财务经营活动的复杂性、财务环境的复杂性决定的。

第二，全面性。财务风险是指财务活动产生的与预期财务收益的偏差，在融资、投资和收益分配等环节普遍存在，贯穿于公司经营管理的全过程和各个方面，所以，其具有全面性、系统性。

第三，不确定性。加强风险管理与风险评估的目的在于尽可能准确地把握风险，但由于公司经营环境的复杂性，市场价格、利率、财务管理技术均可能导致财务收益的波动性，事前是不能准确地确定财务风险的大小的。

第四，损失性。财务风险会给公司带来损失，带来收益的负面波动，影响公司的经营绩效。

第五，相关性。相关性指公司的财务风险不是单独存在的，它与公司的其他运营行为、公司的内外部环境和人员素质等有着密切的联系。同时，财务风险和财务收益也是相互关联的，财务风险程度与风险报酬多少成正比。

（二）财务风险的分类

财务风险是财务活动产生的财务收益的偏差。根据这个定义，可以将财务风险分为以下几类。

第一，筹资风险，即融资与筹资行为产生的风险。这主要指资金供需市场、宏观经济环境的波动导致的融资成本的波动引发的财务风险，融资行为对资本结构的影响导致财务杠杆的变化形成的财务收益风险，即筹资的风险与资金结构变化导致的收益风险。

第二，投资风险，即公司由于投资决策而带来的财务成果的不确定性，投资风险本身也是个决策风险。公司项目的开发从资金的角度看是资金投资活动开发行为的失败也就是投资活动的失败，这无疑严重影响了财务成果。

第三，现金流量风险（或流动性风险），是指公司由于其债务规划不合理、流动性不足，可能造成的短期偿债能力不足，陷入财务困境。

第四，担保风险，也称为连带财务风险。即公司为其他单位进行担保，因借款单位无法还本付息而产生的连带责任。

第五，财务管理风险。财务管理风险是一种流程风险，是由于财务内部控制制度不健全、财务管理不科学导致的资产损失的风险。如存货管理风险、现金或其他资产损失风险。

第六，收益分配风险，即由于收益分配行为导致的财务风险。如对公司利润的分配脱离公司实际情况，缺乏合理的控制制度，必将影响公司的财务结构，从而可能导致财务风险。

除了以上六种，学术界也有把经营风险列入财务风险中的，由于经营风险的范畴要大于财务风险，财务风险是经营风险的一种，所以，不能称经营风险为财务风险。也有人将外汇风险视作财务风险，其实，外汇风险本身和价格风险一样，是一种市场风险。当然，其对财务成果有影响，如果公司进行外汇交易行为，此时，外汇风险应该就是财务风险，因为此时的外汇交易行为是一种财务行为，是一种财务活动。

（三）财务风险的成因及危害

财务风险是公司在复杂多变的内外环境中的财务活动导致的，没有财务活动，就不会有财务风险。

导致财务风险的第一个因素就是宏观经济环境的波动性。对公司而言，宏观环境的变化是难以预见和难以改变的。宏观环境的不利变化必然给公司带来财务风险。如生产原材料的价格波动、所生产商品价格的波动、资金市场的波动等，均会对公司的财务活动产生风险，形成财务风险。如果公司的财务管理缺乏对外部环境变化的适应能力和应变能力，不能采用合理的风险管理工具，就无法应对财务风险。对于无法预料的宏观经济风险，一般公司常采用风险分担、风险减少、风险对冲的手段进行风险管理，以期减小风险损失，倘若不采用合理的风险管理手段，就会给公司带来严重的损失。

第二个因素是公司管理者的风险意识不强。风险是无时不在、无处不在的，财务风险在市场经济中也是不可避免的，任何一个公司都会存在一定的财务风险，只要存在经济活动，也就伴随着财务风险。而由于部分公司的管理者缺乏必要的财务风险意识，导致公司对财务风险认识不足、准备不足，使财务风险扩大化，给公司带来损失。

第三个因素是财务决策风险。如融资决策、投资决策、资金配置决策都是公司极为重要的决策。决策不科学，会导致公司的融资成本增加、股权分散、投资项目失败、资金使用效率下降，这些都会对公司的财务收益产生负面影响，甚至导致公司的经营失败。

第四个因素是财务管理失控、不严谨。这主要表现为公司内部在资金管理、使用及收益分配等方面管理混乱、权责不明，造成资金流失及使用效率下降，资金的安全性、完整性不能得到保证。如存货的采购量不符合经济批量法，导致采购与仓储成本上升。资金管理不符合内部控制规定，存在管理漏洞，导致资金流失，固定资产管理不规范，导致固定资产损坏或流失。

第五个因素是收益分配不科学，没有考虑到公司长远发展规划的资金需求。在公司经营和发展的不同时期或阶段，公司所采取的发展战略以及股利政策也不同，必须和公司的发展规划相适应，考虑到公司内源融资与外源融资的差异及对公司的财务影响。如果分配方法和制度缺乏一定的科学性和合理性，不符合公司的实际经营状况，缺乏科学的分配决策，必将影响公司的财务结构，从而形成间接的财务风险。

财务风险对公司的经营会产生一定的影响，如果风险管理工具与手段不科学、不合理，甚至会导致公司破产。公司如果在资金管理与运用上不合理，不仅会导致其资金使用效率较低，如果资金的流动性不合理，还可能会产生流动性风险，使资金周转困难，严重时会导致公司没有足够的流动资金清偿到期债务，即便公司有很好的发展前景，也不得不进行资产重组、股权稀释，甚至被强制破产。如果公司的融资成本过高，则会导致财务杠杆的负面效应，尽管公司规模和产值利润都增加了，但所获净收益不佳。而投资决策失败不仅会给公司的可持续发展带来致命的影响，也会导致其效益滑坡，竞争能力减弱，员工收入下降，挫伤员工的生产积极性。而财务管理不到位，导致大量的应收账款，大量的库存、现金及固定资产损失等，不仅影响公司资金的流动性，也直接造成公司成本的增加，收益减少。

四、公司财务风险的识别

对财务风险进行识别有很多方法，包括指标分析法、报表分析法、分组分析法、专家意见法、背景查对法、相关联系法、风险调查法、头脑风暴法等。下面主要介绍前面两种常用方法。

（一）指标分析法

指标分析法是指根据公司财务核算、统计核算、业务核算的资料数据和公司信息部门调查收集的其他方面的数据，对公司财务风险的相关指标数值进行计算、对比和分析，并从分析的结果中识别财务风险的一种财务风险分析方法。

指标分析法在具体操作时要先对有关指标设定一个临界值，根据这个临界值来判断是否有财务风险。这一指标临界值的确定可以采用通行的惯例，也可以采用公司以前遭受风险暴露的临界值，或是同类公司的标准。公司所要分析的指标应来自公司生产经营和财务管理的各个方面，广泛收集能够更多地覆盖企业经营活动的各种信息，在尽可能广泛的领域发现财务风险点，尽早发现财务风险的生成征兆，可以赢得更多的准备时间和空间。

这种指标也不是一成不变的，而是要根据环境的变化而发生相应的改变，要因地制宜地选择科学、有效的指标。

（二）报表分析法

报表分析法是根据一定标准，通过各类报表资料对公司财务风险进行搜索、寻找、辨别的分析方法，具有操作简便、易行、可靠性强、符合公司经营管理人员的思维和工作习惯等特点，在公司财务风险管理中有较广泛的应用。

公司中的三种核算报表即财务报表、统计报表和业务报表之间相互联系、相辅相成，在揭示公司生产经营业务中的风险方面发挥着极其重要的作用。

1.财务报表趋势分析

财务报表趋势分析就是将公司连续多期的损益表和资产负债表中的各个科目进行比较，以发现报表中各科目增减变动的方向和幅度，以揭示当期公司财务状况和经营状况增减变化的性质和趋向。例如，进行资产负债表比较分析，发现公司大量举债而又缺乏偿还能力，公司可能已落入"举债—再举债—债上加债"的恶性循环之中。

2.财务报表比率分析

财务报表比率分析就是把财务报表中的某些科目同其他科目进行比较，主要包括经营成果、权益状况、流动资产等方面的比率分析。例如，资金利润率指标的大小，可用于反映资本投资的综合效果，如果该数值很小乃至负值，则公司的财务风险较大；资产负债率指标过小，则反映公司不能充分利用财务杠杆的作用，从而造成机会损失；利用现金流量表则可以进行公司偿债能力、支付能力等方面的风险分析。

第二节　资金流动风险管理

一、现金管理：收付风险

（一）现金收付风险识别

1.现金收付风险的来源

这里现金是指库存现金、银行存款及其他货币资金。现金收付风险是指公司在生产经营过程中，无法按时回收到期的货款，或无法及时偿还到期债务的可能性。现金是公司最敏感、最容易出问题的资产。对现金收付风险的监控是公司风险管理活动的一个重要组成部分。现金收付风险的来源很多。从微观上看，公司生产经营活动直接面对广大市场，客户信用水平千差万别，这是产生收付风险的外在原因。为降低资本成本，公司可能运用一些延期付款策略。另外，公司本身工作人员的业务素质和道德素质不可能尽善尽美，管理制度可能存在的漏洞，是产生收付风险的内在因素。从宏观上看，利率市场和汇率市场的经常性波动——如贸易量、资金短期投机性流动、资本长期流动引起的汇率变动——都可能是公司现金收付风险的来源。

2. 现金收付风险的表现形式

（1）利率风险

不管是借入资金还是拥有多余资金的公司，都会面临利率变动风险。例如，公司拥有 A 公司一张票面利率为 5% 的商业承兑汇票，假定此时银行同期定期存款的利率也是 5%。在利率水平不变的情况下，公司到期回收的本息和存入银行没有区别。但市场利率可能会上升到 5% 以上，公司收到的利息就会少于一开始就将这笔资金存入银行而获得的收益，在这种情况下公司承担了利率风险。同样，如果公司有一笔带息应付票据，票面利率和市场利率一样，但信用期间市场利率下降，公司再向金融机构进行融资时可能负担其他财务费用，此时公司承担的利息成本率就超过了市场利率。

（2）汇率风险

国际资本市场瞬息万变，公司持有的资产（如外币债权）或承担的外币债务会由于汇率的不利变动而造成损失。假设某公司拥有一笔一个月内到期、金额为 10000 美元的应收债权，记账时汇率是 1 美元兑换 8.3 元人民币，公司记入本币账户的应收账款是 83000 元人民币；应收账款到期时，市场汇率发生变动，假设 1 美元兑换 8.2 元人民币，公司收到的美元折算成人民币后只有 82000 元，由于汇率风险的存在，公司损失了 1000 元。又如，公司有一笔一个月内到期、金额为 10000 美元的应付债务，记账汇率是 1 美元兑换 8.3 元人民币，则应付账款为 83000 元；债务到期时市场汇率变为 1 美元兑换 8.4 元人民币，公司为偿还债务需付出 84000 元人民币，公司因汇率变动多支付了 1000 元。

（3）期限风险

期限风险主要来源于公司的应付账款。公司在和上游供货商开展业务往来时，常常可以采取零成本支付方式，即供货商不要求公司马上付款，公司相当于获得一笔无息银行贷款。供货商为鼓励公司及时付款，往往会提供一些提前付款的优惠政策。如向订货公司提出的信用条件是，2/20，n/30，即表示订货公司在 20 天内付款可以获得 2% 的现金折扣，公司最迟的付款期是 30 天。在这种情况下，公司应尽可能在 20 天之内付款（当然也没有必要提前付款），因为公司在第 20 天后付款的成本会增加。

（4）流动性风险

资金流动性主要是指公司按时偿还现有或潜在债务的能力，这种能力的获得途径包括公司拥有的自有资金，或将非现金资产迅速转化为现金资产，或从银行等金融机构获得的贷款额度等。资金缺乏流动性，无论是短期的还是长期的，都表明公司的经营情况出现了问题。实际上，资金缺乏流动性可能是使许多中小公司倒闭的原因，尽管它们可能并不缺乏光明的前景。在通常情况下，现金、银行存款、外埠存款以及应收账款、存货等被视为流动资产，可以用于偿还债务，但相对而言存货的流动性不够好，应收账款的流动性好坏也要具体分析债务方的信用水平或偿债能力。公司资金具有良好的流动性，有两个方面的好处：一是给往来合作方（特别是上游厂商）公司以支付能力强的印象，可以增进相互之间的信任程度；二是可以抓住潜在的投资机会，市场上可能出现极好的证券投资机会，或者公司生产所需原材料、机器设备的价格波动至谷底，如果公司拥有足够的货币资金，就能从这些交易中取得收益。一般来说，只要公司的生产销售活动处于正常经营阶段，不出现重大异常状况，应该是具有足够的支付能力的，如果公司在正常经营的情况下资金仍然不能保持很好的流动性，就要分析其经营方针是否出了问题。

（5）道德风险

道德风险来源于组织内部工作人员和往来厂商对职业技能和职业规则的态度，但道德风险难以用制度来规范。道德风险可能表现为心不在焉的员工对一张发票签发了两次支票，或收到了客户支票却没有及时存入往来银行，或对到期应收账款没有及时进行追索，或对信用水平明显恶化的客户没有进行分析而继续给予信用期限，以致产生坏账。其也可能表现为债务人有偿还能力却故意地拖欠货款，或者在填写汇款单时故意将收款人账户写错，导致银行无法入账而将款项退回原付款行。

（二）现金收付风险评估

1. 不确定性分析

公司生产经营活动的现金收付过程中风险的存在，使公司的经营活动处于不确定之中。为减少风险对公司经营管理活动产生的影响，需要详细分析风险的不确定性。所谓不确定性是指，人们在事先只知道所采取行动的所有可能后果，而不知道后果出现的可能性，或两者均不知道，只能对两者做些粗略的估计。不确定性是难以计量的，特别是进行长期预测准确性更差。进行不确定性分析的主要步骤有：一是在一系列可能条件下编制预算；二是预计出现不同状况的概率；三是根据概率分析法预计各种因素对公司现金风险的影响程度。

利率、汇率的变动，对公司而言是难以控制或难以避免的外在风险，公司财务人员要加强对宏观经济环境变化趋势的分析，加强对国家经济政策变化的跟踪调查，采取必要的措施，以便将外在政策变化给公司带来的影响降到最低。公司主要可以考虑的规避风险的方式有：购买国债期货降低利率风险；进行远期外汇期货或期权合约的套期保值；对公司可以控制的流动性、道德风险进行科学分析和管理。公司应付账款期限的影响因素主要是临时性资金周转，因此对应付款要提早规划，及时筹措偿付资金。流动性问题关系到公司的正常生产经营，公司要注意不要为追求高收益购置过多流动性不强的资产，短期性投资要选择交易活跃、市场容量大的品种。道德风险是以上风险中最难以量化，也是出现问题最具突然性的环节，管理者要对下属工作人员和交易方的道德品质有清楚的认识，在条件相近的情况下要优先考虑聘用道德品质优良的员工或选择正直的交易伙伴。

2. 敏感性分析

敏感性分析是指从定量分析的角度，研究有关因素发生某种变化对某一个或一组关键指标影响程度的一种不确定性分析方法。敏感性分析只能分析某种因素变动对经济指标的影响，并不能确知这种影响的可能性有多大，如果对各因素发生某种变动的概率事先能够客观地或主观地给出，就可以借助风险分析辅助决策。敏感性分析的关键之处在于评估有关指标数量变动对计划产生结果的影响程度。如销售价格上升10%，产生的现金净流入超过10%，那么销售价格对现金流量就是敏感的，否则就是不敏感的。进行敏感性分析有助于公司把握住问题的关键，从而把时间、财力、人员等投入敏感性强的项目的管理工作中。

（三）现金管理策略

1. 现金集权管理与分权管理

（1）现金集权管理与分权管理的适用对象

现金集权和分权管理，主要是针对跨国公司而言的，但其中的一些做法，也值得国内公司学习和借鉴。集权型财务政策在中型跨国公司内较为常见，因为其拥有较强的经济实力和较多的财务专家。小型公司缺乏资金来源和财务专家，且经营管理方式以灵活多变见长，因此多将财务管理的决策权授予子公司的经理，使其靠自己的财力扩大业务规模。大型公司资金雄厚，但因为子公司多、产品种类复杂、所处环境不同等因素，财务管理方式偏向于分散。当然，实行集权或分权管理，还与公司股权结构、公司生产技术水平、公司文化传统等因素有关。

（2）现金集权和分权

集权型现金管理体现的是一种集团中心经营理念，它将海外业务看作国内业务的扩展。其具体做法是，将集团公司内所有现金（或财务）政策的制定、执行、解释和业绩考核评价权力集中于总部的财务中心，现金政策包括款项的回收、支付，以及现金资产的使用等等。集权型现金管理的核心环节体现在设立资金库对日常资金使用进行调控上。

集团公司所辖的世界各地的子公司在母公司开立存款账户，子公司除保留日常经营所需资金外，其余资金统一存入总公司账户。总公司根据各子公司资金余缺的不同情况将资金调剂使用，既可以减少资金冗余，又可以减少子公司因临时资金不足向所在地金融机构借款的次数，节约资本成本。由于总公司拥有较为优秀的财务专家，信息传递也比子公司灵活和快速，因此可以迅速做出决策。集权型现金管理的不足之处在于：一是容易挫伤子公司经营管理的积极性，因为资金的强制集中可能使子公司丧失很好的投资获利机会；二是经营考核更为困难，因为部分子公司可能从总公司获得了低廉的资金支持，有些子公司则相反；三是资金的集中可能会受到子公司所在国家的外汇管制而无法实施，或者实施后引起所在国资金管理当局的不满。

分权型现金管理的优缺点和集权型现金管理的优缺点刚好相反，更有利于充分调动子公司的积极性，处理好子公司与所在国的关系，但不利于实现集团的整体利益。

2. 现金预算

（1）现金预算的类型

现金预算并不是强制性的，除非银行或类似资金提供者要求公司这么做。从公司自身来说，是否编制现金预算，取决于成本效益原则是否能得到满足。因此现金预算可分为积极现金预算和消极现金预算，前者是公司主动对现金流动情况进行预测以满足提高公司经营管理水平的需要，并且随时对预算进行调整修订；后者则多用于检测公司资金是否具有良好的流动性。

按编制基础的不同，现金预算可以分为三类：以现金流量表为基础的现金预算；以资产负债表为基础的现金预算；以利润表为基础的现金预算。以现金流量表为基础的预测主要是针对短期预测而言的，一般预测时间在一年以内。

运用这种方法要对预算期内的现金流入和流出情况进行预测，其中现金流入项目主要有销售收入、从金融机构获得的借款等；现金流出项目主要有销售成本、期间费用、利息支出等。需要注意的是，公司要经常将预算结果和实际情况进行对照，分析二者之间的差异，不断修正和调整预算。以资产负债表为基础的预算主要针对长期而言，更适合作为战略预算，涵盖的期间包括公司未来发展的若干年，这种预算主要根据公司近年来的发展速度进行。以利润表为基础的预算适合为期 1 ～ 2 年的中短期规划，它也是用年度的利润增长速度来预测下一年度的收入支出情况，进而对现金增长需求进行估计。

（2）现金预算的密度

现金预算的密度是指编制现金预算的时间跨度和编制时间间隔，即现金预算期间是一年以内的，还是超过一年的，编制的预算是按一周的时间间隔编制的，还是编制月度、季度或年度的预算。现金预算的密度和公司经营产品种类、行业特点、公司规模、编制人员的素质和经验等都有关系，并不是周期越短、内容越详细越好。

（3）现金预算的空间范围

现金预算的空间范围是指编制的现金预算是一个独立经营单位的，还是整个公司集团的；是母公司记账本位币的现金预算，还是包括所有子公司所在国货币币种的现金预算。

（4）现金预算的调整

作为积极现金预算，公司需要根据实际遇到的问题和获得的最新信息对现金预算进行不断调整和修订，特别是在当初编制预算所假定的基础不再存在或假设前提不再成立时。还有一种可能是，公司初次编制现金预算，或面临的是自己不熟悉的新的经营业务，不确定的情况较多，在预算执行过程中需要不断进行修正。随着公司现金预算方式的改进，其对现金流动性的认识会越来越科学，可以减少对敏感性分析的依赖。必须看到，现金预算功能的强弱取决于它和实际情况的一致程度，如果没有意外情况，而编制的现金预算和实际情况相差甚远，就应着手分析差异产生的原因。当然，现金预算方式的改进是一个持续不断的过程，不能因为开始的预测不准确就对现金预算的可操作性产生怀疑，而应着眼于差异产生的原因和编制预算计划程序的改进。

3. 现金回收与划转

（1）加速收款

为提高资金使用效率，公司应在不影响与客户关系和销售规模的前提下，加速应收款项的回收。加速收款可能遇到的问题有：如何缩短客户汇款在途时间；如何缩短收到支票和存入往来银行的时间；加速收款增加的营业费用等。加速收款可能会损害公司和客户的关系，但只要公司给予客户的信用期限不低于行业的通常标准，对客户及时付款进行善意的提醒是必要的，因为即使是信用良好的客户也有可能有意或无意地计划在款项到期的最后期限才付款。

（2）延期付款

当公司面临短期资金周转困难时，延期付款是一种可行的选择，因为对销售方来说，延期付款总要比失去一个客户更能让人接受。公司应认真考虑延期支付所可能带来的后果，特别是供应商的财务状况和商业地位，因为延期付款是以供应商的现金流量恶化为代价的，如果延期付款导致供应商降低服务标准或停止提供服务，而供应商是公司战略供应链上不可缺少的重要一环时，这样做显然得不偿失。

（3）与银行关系

公司应与结算银行保持较为稳定的合作关系，除非往来银行的经营策略发生变动而有损公司的利益，或者银行提供的服务已无法满足公司快速发展的需要，或者转移账户可以给公司带来明显的经济效益，如结算上的便利、收费上的优惠等。与银行长期稳定的关系有助于公司实现现金账户的科学筹划，商业银行还有可能为关系较好的往来客户提供理财方面的个性化服务或建议。

（4）净额结算和重开发票中心

净额结算适用于处理跨国集团公司内部之间的大额交易。其具体做法是，采取净额结算的子公司都在母公司开立资金结算账户，当母子公司间或子公司间发生经济业务往来产生应收、应付款项时，公司之间并不即时结清款项，而是在母公司集中记载账务明细，到规定结算的时间（如每月底），由母公司计算出每个子公司应收款项减应付款项后需结算的净额资金，再据以进行账务划转。净额结算给公司带来的好处显而易见：一是简化子公司财务处理上的手续；二是避免资金在不同国家间频繁流动时产生的汇兑损益。当跨国公司设立了净额结算系统时，一般会同时设立重开发票中心。重开发票中心通常设立在可以获得税收优惠的国家，当所在国消费者大额购买当地子公司的货物时，子公司不直接向消费者开具发票，而是向重开发票中心开票，由重开发票中心再向当地消费者开具发票；同样，当子公司在当地购买商品或劳务时，直接由供应商向重开发票中心开票再由重开发票中心按当地货币给子公司开票。这样子公司用当地货币进行结算，没有外汇风险，而重开发票中心可以通过多笔业务集中起大量以当地货币计量的交易，集中进行风险管理，在与银行结汇时可以获得汇率优惠，同时避免频繁结售汇而增加财务负担。

（5）零余额账户

零余额账户的开立基于财务集中的设想，公司往来银行被赋予某些权利，在营业终了或指定时间将指定账户的金额划转到集中账户，从而使该种类型账户的余额为零，此类账户一般是公司的资金收入账户。设立零余额账户对公司提高现金控制水平十分有效。当收入账户金额较小时，为减少工作环节，公司也可以和往来银行约定当账户余额达到一定数额时再进行划转。目前中石化公司通过结算银行（中国工商银行和中国建设银行）的零余额结算账户，已在地市级以上分公司中实现了当日汽油销售款直接上划至总公司，大大提高了资金使用效率。

4. 现金合并与集中账户

基于财务集中的思想，当公司集团存在多个分公司，而分公司都具有自己的账户时，可以建立现金合并协议，将盈余资金从一个公司转入资金不足的公司。现金集中对集团公司的用处很大，特别是分公司资金余缺情况不一，资金盈余和透支情况都存在时，使用现金合并和集中账户，可以避免不必要的透支利息。同时，集团财务部门由于具有较大的规模和实力，在和银行等金融机构协商资金筹措条件时可以处于比较有利的地位为集团公司获得较为优惠的借款利率和借款期限。

5. 电子银行支付系统

随着金融电子化进程的不断加快，多数商业银行推出了各自的电子银行系统，面对公司客户的公司银行系统也已进入实际应用阶段。公司银行系统为公司提供的服务主要包括金融交易服务和信息增值服务，如资金管理（资金回收、资金管控、资金调拨）、财务管理（股票承保、债券发行、信用分析）、商务管理（信用证、押汇、托收）等。目前这些电子银行系统主要面对大中型客户，因为电子银行系统的建立需要一定的资金投入，在资金的规模和流动性都较大的公司才能显示出其效益性，对小型公司来说需要的可能只是简单的联机服务。大型公司每天都有大量的资金收付业务，如果这些业务分散到分公司或业务部门，必将增加收付风险和收付费用。公司银行系统使公司财务人员在自己的办公室进行资金支付成为可能，不仅可以节约人力和物力，更主要的是极大地降低了资金清算风险。

（四）现金管理的内部控制制度

1. 内部控制概述

内部控制是公司现代化管理的产物，包括控制环境、控制程序和会计系统等。内部控制主要包括会计控制、管理控制和内部审计。良好的内部控制制度，对公司化解经营风险和财务风险具有重要的作用。内部控制制度设计时应注意：①以预防控制为主；②注重体制牵制；③注重程序制约；④注重责任牵制。

2. 与会计制度有关的内部控制制度

①依据管理者的批准从事并完成经济业务；②将全部经济业务以正确的数额及时记入适当的账户，根据会计制度规定编制、报送财务资料；③经管理者批准后方可动用资产；④对资产做出准确记录，将合理的间隔时间与现存的资产相比较，并对产生的任何差异采取适当的措施。

3. 与货币资金有关的内部控制制度

一般来说，货币资金的管理和控制应当遵循如下原则：严格职责分工，实行交易分开；实施内部稽核；实施定期轮岗制度。具体来说要做到以下几点。

（1）货币资金业务职务分离

现金收付及保管业务只能由出纳负责；规模较大公司的出纳员应建立现金出纳备查簿，登记每天的现金收支情况，规模较小的公司至少也要建立完善的现金日记账登记制度；负责应收账款管理的人员不能同时负责管理现金收入账，负责应付账款管理的人员不能同时负责管理现金支出账；保管现金支票的人员不能同时负责管理现金支出账和调整银行存款账；核对银行存款对账单和银行存款余额的人员应与负责银行存款账、现金账、应收款、应付款的人员相分离；担任同一岗位职务的人员要定期进行轮换。

（2）货币资金收入

现金收入业务必须由两个以上员工处理，收款的员工不能同时兼任开票工作，各种收据必须预先连续编号；支票收入必须由两个以上员工处理，由一位员工开出发票，另一位员工收入支票，后者需核对发票金额和支票金额是否相一致，所有销售发票和收款单必须预先连续编号。

（3）货币资金支出

公司的各种支出应尽可能用支票来支付，以避免更多人接触现金，对必须使用现金支付的项目要严格审定，建立定额备用金制度，对备用金的使用范围、使用限额、适用条件、保管人员以及日常管理做出详细的规定。对支票支出，应注意以下方面：一是支票要连续编号使用，不能跳号，同时，有权签署支票者不能保管空白支票；二是每项支票支出必须经过指定的支票签署者审批并签发；三是每项支票支出都必须有经核准的发票或其他必要凭证作为书面付款证据，已经作为签署发票书面证据的有关凭证，及时加盖"已付讫"戳记，防止重复付款；四是任何有文字或数字（包括日期）更改的支票应予以作废，作废的支票及时加盖"作废"戳记，防止被再使用，作废的支票要和已付款支票存根一起保存备查。所有已经签发的支票，应于当日及时记入存款日记账中，并定期与应付款和其他总分类账借方进行核对。

（4）银行存款控制

所有银行存款账户的开立和终止需有正式的批准手续，有时需要董事会等机构的批准；负责核对银行对账单和银行存款账面余额的员工不能同时负责现金收入、支出业务或编制收付款凭证业务，以防止被银行揭露的不正当支出或应记未记入公司收入账户的不正当行为被掩盖；负责银行存款余额调节的员工应直接从银行取得银行存款对账单，并将银行存款账同银行存款对账单进行核对调整。

二、应收账款管理：信用风险

（一）信用风险识别

1. 信用风险来源

只要获得某一产品或服务而不需立即付款，对提供产品或服务的公司而言就存在着信用风险。信用风险可能引起坏账损失、利息成本和对延迟付款进行追踪调查的管理成本。一般工业公司的经营活动总是要面对信用风险，最主要的原因是赊销和应收账款的存在。在大多数公司中，卖出产品或服务是公司首要的任务，而研究购买者是否能及时付款是次要的考虑。换言之，大多数公司中销售部门的地位通常要高于信用部门。

应收账款管理的目的就是正确衡量信用成本和信用风险，合理确定信用政策，及时收回账款，保证流动资产的真实性。应该看到，管理好信用风险不是一般公司所能做到的，这超越了他们的核心竞争力范围。

2. 信用风险表现形式

所谓信用风险，即在以信用关系为纽带的交易过程中，交易一方不能履行给付承诺而给另一方造成损失的可能性，其最主要的表现是公司的客户到期不付货款或者到期没有能力付款，客户在没有正当理由的情况下提出修改付款条件也可视为公司承担了信用风险。合理控制应收账款要求公司管理者根据公司实际情况确定信用销售的最佳额度。一方面，提高信用销售额度意味着公司会有相对较高的销售收入；另一方面，持有较高水平的应收账款，意味着公司会产生较高的持有成本。

（二）信用风险评估

信用风险分析主要包括两个密切相关的方面——研究债务人的还款意愿和偿还能力。研究分析债务人还款意愿主要是考察债务人的品格，研究分析债务人偿还能力则是考察债务人的经济前景。对此主要有定性评估和定量评估两种方法。

1. 定性评估

定性评估显然属于考察债务人品格的评估方式。公司在对潜在债务人进行评估时，主要注意的是债务人的品质和条件。将商品或服务提供给诚实、正直、努力的客户是令人放心的，尽管这些品质难以量化，但公司可以通过直接会谈、品质查询、征求其往来银行评价等办法了解客户的付款历史、与其他公司的关系，从而决定是否给予赊销。品质因素是公司决定是否同意赊销的首要条件。条件是指可能影响客户付款能力的各种外在因素，如公司所处行业的竞争激烈程度，是否面临法律诉讼，经济环境好坏。这些条件发生时会对客户付款产生什么影响，客户会怎么做，都需要公司进行了解，特别是客户在过去支付困难时期的付款历史。

2. 定量评估

定量评估重视债务人盈利能力的强弱和其资金流动性的快慢，定量评估的主要因素包括以下几点。

①能力，指客户的偿债能力。公司可根据一些财务指标进行评估，如客户的流动比率、速动比率、资产负债率、利息保障倍数等。分析流动性指标时要注意客户流动资产质量的好坏，如应收账款是否正常，存货是否过多、过时或质量下降，及其他影响其变现能力或支付能力的情况。

②资本，指客户的财务实力或经济实力。当公司决定和客户建立长期合作关系时，对客户经济实力的了解尤为重要。

③抵押，指客户无力偿还债务或拒绝偿还债务时，公司控制的能被用作抵押的资产。对初次进行交易不熟悉的客户，或信用状况有争议的客户，抵押品

更显得重要。取得抵押品可以降低公司的交易风险，但也可能损害双方的信任关系。评估客户抵押物品时，要注意是否存在相似的交易市场以便评估抵押品的内在价值、抵押物是否容易变现等。

（三）信用风险管理策略

信用风险管理是指通过制定信用政策，指导和协调各机构业务活动，从客户资信调查、付款方式的选择、信用限额的确定到款项回收等环节实行全面监督和控制，以保障应收款项的安全、及时回收。

1. 现金管理与应收账款管理的关系

现金管理者可能会碰到的第一个问题是，为什么要关心应收账款管理？应收账款不是应该由管理销售和信用的人负责吗？现金管理者或者至少是现金管理系统与销售和信用部门是互相影响的，现金管理系统处理和沟通信用部门需要的信息，使它有效发挥信用的作用，信用部门对逾期应收账款采取的收账措施会同时影响收账系统的功能和现金流量预测的准确性。因此，应收账款管理的好坏和能否有效管理现金是分不开的。

2. 信用分析与信用等级评定

（1）信用分析的主要环节

信用决策是关于借款者偿还能力的个人评判的反映，主要依赖于公司信用管理者的经验。一个完整的信用分析过程，至少要包括以下一些内容。①客户所处的行业结构、发展趋势、在行业中的地位，一个公司的商业市场份额水平、经营业绩等能帮助公司了解客户利润动态变化的远景情况。②评价客户高层管理者的经营战略，要初步了解生产、财务、营销等重要部门经理的管理风格。③对客户的资产负债表、利润表、现金流量表进行分析，发现客户各阶段发展趋势和波动情况，客户产销平衡与否是决定能否及时收回应收账款的重要条件，当前分析重点有从资产负债表转向现金流量表的趋势。

（2）主要信用评级机构

国际著名信用评级机构发布的有关公司的信用等级评定报告，是企业获取往来客户信用情况的最佳途径之一。美国最主要的信用评级机构有穆迪投资者服务公司、标准普尔、菲奇 IBCA 国际信用评级公司等。穆迪投资者服务公司是邓白氏的子公司，标准普尔是麦格罗·希尔出版公司的分公司，它们是全球最大的两家资信评级公司。这些评级机构是从商誉评价演变来的，现在则可以给资产支撑证券、优先股商业票据、中期票据、政府债券和公司债券的信用进行评级，他们的评级范围甚至包括主权国家的信用品质。信用评级公司的服务是要收费的，因为债券发行人需要使投资者相信他们的良好信誉，信用评级机构是能够实现这一目标的途径之一。但评级机构的规定通常更像一家研究所而不是一家公司，他们的评估结果是客观的和有公信力的。根据美国纽约联邦储备银行的调查研究表明，对被评级公司的收费在绝大多数情况下并没有对评级机构的公正性、可靠性产生什么不良影响。当前国内的资信评级公司一般只能使用外国公司的资信评级技术和方法，本地化研究做得明显不够，我国的资信评级业尚待发展。

在信用评级过程中，信用机构关注的主要因素有：①商业风险，如行业特征、竞争态势、管理风格等；②财务风险，如财务特征、财务政策、财务灵活性、盈利能力、资本结构、资金流动性等。其中行业风险可能是评级决策中最为重要的指标，因此公司经济的基本要素，如供求特征、市场领导地位、成本优势是构筑公司良好信用的前提。按照国际惯例，公司信用一般分为三级九等，即A级、B级和C级，AAA、AA、A、BBB、BB、B、CCC、CC、C九个等级，分别对应不同的信用风险水平，通常认为对A级以上的公司授予信用是安全的。

3. 信用政策与决策

在制定信用政策时，公司是否真的需要赊销是第一个容易被公司忽视的问题。很多公司和经销商都认为，产品的性能和质量比竞争更为重要，不必以赊销作为刺激销售的方法。但除非公司在市场上处于绝对主导的地位，信用销售还是必要的，即便是通用汽车这样的世界性行业领导者，也成立了自己的金融公司，为消费者购买汽车提供贷款。

在进行信用决策时，公司的收账政策应当确保其收账的管理成本和其他成本不会超过收账所带来的收益。管理层在制定信用政策时要考虑以下一些因素：收账的管理成本；单个客户信用挖掘和收账的程序；因应收账款回收期延长导致的额外资金需求；因应收账款增加被迫进行融资的成本；实施信用政策而产生的节余或额外成本；信用政策的实施方式；严格与宽松信用政策对企业销售额和总利润的影响。信用政策最为重要的要素之一是信用条件，信用条件包括两个部分：必要的选择权和可能的选择权。必要的选择权是到期日，通常是提早付款给予的折扣；可能的选择权并不常见，它是指推迟付款应缴纳的罚金。信用政策还包括信用限额、收账政策等，信用限额不一定能提高客户的付款概率，但可以限制不付款引起的坏账损失，对新客户一般制定较低的信用限额；收账政策主要包括何时发出付款通知单、合同签订的方式、收不到款项将采取的措施，并应确定延迟付款的情况发生后企业的措施，如诚恳的提醒，以及把账户交给律师或专门收账机构处理等。

在公司信用政策分析过程中，第一，估计信用政策变动产生的增量销售；第二，估计与增量销售相关的增量成本，两者之差为估计的增量营业利润；第三，扣除与增量销售相关的坏账损失成本；第四，计算机会成本调整增量投资的风险，扣除机会成本之后才可以确定信用政策是否能产生净利润。根据对客户信用的风险收益分析，公司可以决定是否给予客户赊销的待遇，如果允许赊销，额度是多少、信贷期限为多长等。开始时对新客户的信用限额要低一些，随着收账经验的积累和对客户付款情况的了解再逐步提高其信用限额；对重要客户要专门建立一个针对这个客户财务信息的档案，并定期查阅，如果可能要专门派员工去该公司进行实地考察以获得该公司及其发展前景的第一手资料。

4. 信用风险控制

坏账的形成与采用赊销方式销售的公司管理水平相关，虽然中国的资信信息环境建设尚处于起步阶段，但公司的资信调查服务还是有的，只要公司的信用管理部门能有效发挥作用，绝大多数信用风险是可以避免的。

（1）应收账款监督

公司面临的经营环境是不断变化的，当条件变化时，信用政策和实施这种政策的程序也要随之变化，一项不断完善的信用政策要求有一个同时能监督个别应收账款及其总额水平的系统，这个系统能适当完成收账任务，并利用其监督结果为以后的信用决策提供依据。

①个别账户的监督。个别账户监督主要是确定客户的付款是否符合约定的条件，何时开始收款实务和是否增加信用额度等。其主要管理方法是编制账龄分析表和进行平均收账期监督。账龄分析表列示了每个客户所欠账款的数额和时间，有助于管理者辨别有多少欠款在信用期内，有多少已超过信用期，超过时间的长短，有多少最终形成坏账等，以便提出相应对策。平均收账期可以根据查询每份订单的发票日期和收到货款日期确定，对平均收账期在信用期限内的客户，可以考虑增加其信用额度，对平均收账期远超出信用期限的客户，应及时采取措施催收欠款并不再进行赊销。

②总账的监督。监督应收账款总账的收账过程对公司而言更为重要，从某种意义上说，公司资金流动性的快慢取决于应收账款能否及时回收。监督的方法和个别账户的监督类似，主要的内容有：赊销回收天数、总账账龄分析表、付款比例。赊销回收天数是衡量应收账款回收速度的主要指标；总账账龄分

析表列示了不同期限（如 3 个月内）应收账款在总账中的比例以及逾期账款占总应收账款的比例；付款比例是指销售后的一定时间内，收现额占当月销售的比例。

（2）应收账款催收

逾期应收账款产生有外部原因，如客户遇到了特殊困难，或是因为一些自然的不可抗力造成客户不能付款，也有相当比例的逾期应收账款是由于客户不讲信用造成的。公司内部管理造成的应收账款逾期，主要责任在信用管理部门。大多数现金管理者很少直接参与逾期应收账款的催收工作，但应收账款催收关系到公司资金流动能否正常进行和持续下去，因此要把收账系统的信息沟通和现金系统联系起来。催收账款的一般程序是，邮寄原始单据，以付款通知书的方式礼貌地提醒对方付款期已到，应予付款；电话催收，通过与客户经办人员的交谈了解客户延迟付款的原因；派员上门直接面谈，对欠款客户进一步施加压力；采取法律行动，这种收账方式的代价很高，只有在所有收账手段均无效而客户欠款数额又很大的情况下使用。

客户拖欠货款的原因可以概括为两类——无力偿付和故意拖延，应根据不同的原因采取不同的催收账款方法。对无力偿付的客户，如果只是遇到暂时困难，经过努力可以东山再起，公司应暂缓催收货款，帮助其渡过难关，以保证应收账款的完整性和安全性；对确实资不抵债，且扭亏无望的客户，公司应尽早诉诸法律，减少损失；对故意拖欠的客户，则需要采取一定的策略，尽量避免在损害和客户关系的前提下收回货款，在下次销售时则要注意减少和这类客户的往来。

（3）信用政策反馈与调整。

一般来说，绝大多数通过公司资信调查与审查的客户是重视其信誉的，如果公司的信用政策和程序未达到既定目标，首先应该检查信用管理部门的措施是否适当和到位，然后对信用政策和追账程序进行适当的变动：如果没有正确地执行信用政策，就应该适当改变信用程序；如果正确地执行了信用程序，就应该适当变动信用政策。公司制定的信用政策如果过严可能会损害部分客户利益，影响公司未来的销售和盈利；如果信用政策过宽，又可能导致逾期账款过多。公司应根据实际情况制定宽严适度的信用政策，并根据内外部环境的变化不断做出调整。

（四）应收账款的内部控制制度

1. 部门和人员设置

信用管理部门应该是公司的中层管理部门，即与财务、销售、供应部门是同一级别的部门，但信用部门可能需要协调公司内部若干个部门的工作。部门内部应设置如下岗位。

①信用管理经理——信用管理的核心，该经理应具有较强的管理技术知识和进行赊销的实际经验。

②客户档案管理人员——负责建立和管理客户的基本资料。

③信用分析人员——信用分析人员纯粹是信用管理部门的技术人员，其岗位是信用管理部门技术性最强的，需要熟悉一些精算知识和相关数理统计软件的使用。

④信用受理经办和外勤账款催收人员。

2. 不相容职务应实行职责分离

①出纳员和应收账款、应收票据明细账的记账员职责分离。

②向欠款客户寄发对账单人员和应收账款记账员职责分离。

③由出纳员和应收账款记账员以外的人员负责应收票据的处理。

④对附有抵押物的应收票据，抵押物应由出纳员和会计以外的人员保管。

3. 常用控制措施

①信用管理部门和会计部门配合，将应收账款、应收票据明细账定期和总账进行核对。

②每月向客户寄发对账单，对客户的回函进行详细记录，找出差异所在并予以更正。

③信用管理部门负责编制账龄分析表，对逾期的应收账款及时向管理者报告。

④销售和信用管理部门分别由实际经办人员对客户的信用状况进行动态跟踪，尽早发现客户可能发生的经营状况变动，培养客户正常付款习惯。

⑤客户的购销合同、发票，与客户的通信情况和客户档案设专人保管。

三、存货管理：资金占用风险

（一）存货风险识别

1.存货风险来源

存货风险是指公司拥有存货时因价格变动、产品过时、自然损耗等原因而令存货价值减少的可能性。存货风险主要来源于公司生产和销售部门对存货产量水平和市场需求预测的不准确性，因为公司生产什么、生产多少、何时生产是一个很难界定的问题。由于库存的存在，自然损耗也是存货风险的来源之一。

2.存货风险表现形式

（1）价格变动风险

价格变动风险包括生产价格和销售价格上的风险。从生产成本上看在产品设计环节企业就需对原材料、人工、机器损耗做出估计，以便计算生产该类产品是否有利可图。相对来说，原材料的价格估计难度较大，一旦公司对原材料的价格估计出现偏差，就可能影响到产品成本。假设原材料的价格趋势是上升的，但公司估计其价格会下降，只建立了满足一定数目生产所需的原材料库存，结果再购买时增加了生产成本。从销售价格来看，为树立公司的形象并维系公司与经销商的关系，公司产品的价格一经确定，短时间内不应进行大的变动。销售价格的确定建立在充分了解市场信息的基础之上，如对于价格弹性大或有攀比效应的产品，公司应制定较低的价格，以增加销售量；对于价格弹性不大的奢侈品或有虚荣效应的产品，公司应制定较高的价格，以达到销售收入的最大化。但公司不可能永远都会详细了解市场和消费者的心理，当价格制定不当时，就带来了存货的价格风险——由于价格制定不当，在既定价格的条件下或者产量过少供不应求，或者产量过大造成产品积压。

（2）产品过时风险

公司生产的产品应该具有一定的长期性，即在一定时期内不会过时，否则公司改造生产线和更新生产工艺的成本将很高。但是社会流行趋势和技术进步带来的现实应用往往超出公司可以精确预计的范围，当公司所生产商品的规格、款式、适用性落后于现实的普遍需要时，公司不可避免地面临产品销不出去的风险。

（3）自然损耗风险

自然损耗风险源自存货本身的特性和自然环境，如温度、湿度、光照等外在因素变化对存货外观、性能产生的不利影响，对一些鲜活的、容易和自然环境发生化学反应的商品而言，自然损耗风险可能会超过价格风险。由于仓库保管不善或环境恶劣引起的自然损耗应尽量避免，对无法避免的自然损耗，则应想方设法减少库存时间和库存量以减少损失。

（二）存货风险评估

1. 存货成本

由于存货中投入了资金，所以持有存货是有风险的，因为已投入存货的资金已无法用于再投资。存货的成本主要构成有：组成产品主要结构的原材料、集中在产品上的人员工资、机器损耗计入产品成本的部分以及部分低值易耗品等。存货成本风险产生的主要原因在于投入存货的资金是一种历史成本，一旦决定投入便无法随时抽出。资金能否及时收回取决于存货能否迅速实现从商品到资金的循环，这与该种商品的社会需求紧密相关。评估存货的成本风险，主要看销售存货回收的资金和其投入成本相比是否能实现正常的销售利润，一般可以通过销售利润率和本公司该产品平均的或最佳的历史销售利润率对比进行评估，也可以和同行业类似产品的销售利润率进行对比评估，以获取存货在成本方面安全程度的有效信息。当公司的销售利润率长期低于历史水平或同行业水平，就应该对存货管理政策做出调整。

2. 存货流动性

存货的流动性管理是存货管理的主要内容之一，它关系到存货能否在必要的时候迅速转换为公司所需的货币资金，公司生产的产品是否能够迅速实现销售。存货流动性快慢取决于两个因素：一是公司的产品是否有广阔的市场容量；二是公司的营销手段是否有效。公司的产品流动性快慢，可以通过存货周转率或存货周转天数来衡量。一般而言，存货周转率越高越好，说明公司存货库存适度，存货资金占用水平低，存货转换为现金或应收账款的速度越快，公司的资金就具有越大的流动性。存货周转率和存货周转天数也可以通过和同行业公司的相应指标进行比较评估，公司可以评估自身的存货流动性管理水平。商品库存周期过长，占销售总额的比例过高，是我国公司面临的普遍问题。

（三）存货的内部控制制度

存货控制最根本的任务是要设计能够确定各阶段存货需求、发放量及其预测方法、各阶段标准库存量和安全库存、需要和供给、发放和补充的方式，以及能够明确检查预测量和实际差异的库存管理系统。制定内部控制制度时要考虑销售、生产、运输和费用等因素。有效的存货内部控制系统有如下几个方面的作用：保持最小存量、安全和科学保管、适时适量供应、维持有效操作、预防发生呆废料、持续完备的存货记录。

第三节　投资项目风险管理

一、投资与项目投资

（一）投资

投资是指以收回现金并取得收益为目的而发生的现金流出。例如，购买设备、兴建工厂、开办商店、开发一种新产品、购买专利、购买政府公债、购买公司股票和债券等，都要发生现金流出，并期望取得更多的现金流入。公司投资按不同标准可分为直接投资与间接投资、长期投资与短期投资等。

（二）项目投资

项目投资是指公司为形成一定生产或服务能力，以满足社会与市场需求，在一定时期内对特定领域进行投资并形成固定资产，并在未来一段时期内逐步实现投资回收、投资盈利及投资效益的经济活动。项目投资是企业资金运用的主要领域，对企业发展影响巨大，是企业调整产品结构、实现产品更新换代、增强企业竞争实力的主要途径。其特点是投资时间长、投入数额大、投资决策复杂且难度大、影响投资效果的因素多、投资效果持续时间长、投资转移性与替代性差等。项目投资的特点决定了其具有很大的风险性。

二、项目投资风险识别

（一）政策风险与环境风险

政策风险是指在项目实施过程中，由于国家的、行业的或主管部门的与所实施的项目相关的政策、法规、法令、规划或标准等的更改、更新、作废或重新颁布等给项目带来的风险。环境风险是指项目实施的环境（自然、政治、法制、经济等）变化给项目带来的风险。总体而言，政策与环境风险的基本特征是客观存在性和不可控制性。对于这类风险，尽管其不可控制，但企业必须制定相应的对策以及处理措施，以防止发生这类风险时措手不及。

（二）公司风险

公司风险也称公司特有风险，是指公司在投资多个项目时所具有的风险。其反映了公司多元化投资对项目风险的影响。公司风险是项目对公司收益变动的影响，可用公司资产的预期报酬率的变异程度来衡量。

（三）项目特有风险

项目特有风险也称单个项目风险，就是单个投资项目本身所特有的风险。其单纯反映特有项目的未来收益的可能结果相对于期望值的离散程度，通常用项目收益的标准差来衡量。

项目投资准备阶段风险，包括决策风险，利率风险、通货膨胀风险和汇率风险。

项目投资实施阶段风险，包括实施风险、费用风险和进度风险。实施风险是设计、勘探、论证等失误造成的与实际情况偏离、设计变更和漏项等产生损失的可能性。费用风险是指项目超支或资金短缺的可能性，以及由于项目超支和资金短缺而给项目带来的一些不良后果。进度风险是指项目实施的某些环节或整个项目的时间延误所造成的风险。

项目完成阶段风险，主要是项目收益风险，即项目投资是否获得预期收益。

三、项目投资风险评估

通过项目投资风险评估，可以预测各种风险发生的可能性和概率，说明建设项目的可靠性、稳定性，减少不确定性因素对项目投资经济效益的影响。

①盈亏平衡分析。它广泛运用于预算项目成本、收入、利润、估计和数量等方面，为制定产品价格及其他重要决策提供依据。

②敏感性分析。投资的敏感性分析就是通过分析预测有关因素对净现值和内部收益率等主要经济评估指标的影响程度而进行的一种敏感性分析方法。其主要目的是揭示有关因素变动对投资决策评估指标的影响程度，确定敏感因素。投资敏感性分析包括两个方面：一是分别计算有关因素变动对净现值和内部收益率的影响程度；二是计算有关因素的变动极限。

③情境分析。它也称剧情分析、场景分析或方案分析，试图考虑引起变量变动的深层次的经济因素以及这些因素对变量同时产生的影响。分析不同情境下项目净现值的变化，有助于对项目的前景有更为清晰的认识，避免做出错误的投资决策。

④蒙特·卡罗方法。它又称计算机模拟、仿真实验法、随机模拟法或同级实验法，通过模拟不确定性因素的随机变化，找出其基本规律，并根据这一基本规律的概率分布，计算出项目的净现值及其概率分布，据以对项目做出取舍的决策。

⑤统计分析方法。它包括层次分析法、因子分析法等。

⑥概率分析方法。对单一资产的风险，一般用期望值收益和方差来衡量。其中，收益用期望值表示，风险用标准差表示。

⑦无差异曲线。风险厌恶表示人们对风险的容忍程度或承受能力。风险厌恶程度越高，对于同样风险所要求的补偿越大。

四、项目投资风险控制

针对项目投资中存在的种种风险因素，我们对项目风险防范过程的各环节进行分析，从而提出项目风险管理的具体策略。

对于政策风险与环境风险的管理，控制的基本方法是不断更新收集到的信息，并开展科学性的预测，制定有针对性的应对方案。由于政策风险与环境风险难以定量，对于它们的控制与处理主要是制订详细、周全、科学的风险管理计划，以应对可能发生的所有情况。

公司风险是公司在投资多个项目时所具有的风险。公司要构建合理的多元化投资结构，选择合适的投资时机和投资项目，以降低多元化投资的风险。

针对项目特有风险的管理，则应根据其阶段采取相应的措施。项目投资开始阶段的风险管理包括认真选择投资机会、合理进行可行性研究、正确进行投资项目的评估与决策。项目投资实施阶段的风险管理包括运用项目管理的基本知识和方法，对项目实施阶段的风险进行控制。项目投资完成阶段的风险管理包括将项目收入货币与支出货币相匹配。例如，在能源开发项目中，若借进的是美元货币，则电力购买协议应主要以美元或其他硬货币来结算。若在当期筹资中，由于项目收入多以当地货币取得，偿债不存在货币兑换问题，将产生项目收入的合同尽量以硬货币支付，尤其是当合同的一方为政府时，还可以利用衍生工具降低货币贬值风险。

第四节　客户信用风险管理

一、信用风险及其来源

（一）信用风险的含义

信用是指在商品交易过程中，某一方以将来还款的方案获得另一方的财务和服务的能力。信用管理也称为应收账款管理或客户信用管理。

信用风险是指公司的客户不能按期归还欠款的风险。过多的坏账损失会给公司带来财务危机。

信用风险管理，既有利于公司的销售，又有利于尽可能地减少坏账损失。

（二）信用风险的来源

债务人信用缺失不能按期偿还到期债务是主要原因，其中既有债务人诚信因素，也有公司经营管理因素，以及外部的政治、信息、商务等风险因素。

1. 政治风险

政府的作用是非常广泛的。政治风险一般称为国家风险，是指国家有关政策的不稳定性或者公司从事经销活动所在东道国政治制度的总体不稳定性而对市场销售造成的不确定性。公司信用管理部门对这一风险进行定量预测不太容易。政治风险又可分为四种不同类别：总体政策/政局不稳定性风险、所有权风险、经营风险、转移风险。

2. 信息风险

信息风险就是由于公司信用管理部门使用有缺陷信息而产生的风险。信息缺陷分为外部缺陷和内部缺陷。外部缺陷指的是从信息来源的原始性信息渠道不畅通造成的信息不完整、有偏见、有误导、不及时等。内部缺陷是指公司信息管理部门对信息技术处理深度不够、解读不正确、信息输入不及时、未能在公司内部有效沟通和传递等。

3. 商务风险

公司从事商业活动来自市场的风险称为商务风险，它是来自公司外部商业、行业、市场环境的风险。它另外可能由于销售渠道选择而产生，包括代理商、客户和供应商的选择。商务风险主要有违约风险、延期付款风险、坏账风险、欺诈风险等。

4.客户企业风险

由于公司决策、管理、控制失误、失效可能造成的风险。客户企业风险分为经营风险和纯粹财务风险(借贷风险)。对客户企业风险认识和管理的原则是，只有好的、有信用的客户，没有绝对安全的付款方法。

二、信用风险分析

(一)信用风险管理方式

公司信用风险的管理多由公司分管财务的副总经理负责，也有公司将其置于分管市场营销的副总经理领导之下。公司信用管理主要由财务、销售、采购、信息等部门负责，与生产技术无关。

客户信用风险管理可以通过风险规避、风险接受、风险转移、风险控制与抑制、风险利用等方式进行。风险规避是对经审核确定信用等级在公司标准级别以下的客户不予信用销售的处理方式；风险接受是指经审核确定信用等级处于较高级别的客户予以信用销售，将未来可能坏账的风险接受下来；风险转移是指经审核确定信用等级在公司标准级别上下小范围浮动的客户，为保留营销关系，又不使公司资产遭受损失，以要求适当抵押、担保等方式实施信用销售；风险控制与抑制是指对经审核确定信用等级在公司标准级别及以上的客户，给予信用销售，但是以销售合同、信用额度、付款方式、信用期限、折扣与折让等方式实施销售；风险利用是指利用销售合同条款和信用条件对购货方实施抵押兑现、法律制裁、并购等强制要求。

(二)建立客户档案

从客户的重要性和客户档案管理费用角度进行分类，公司信用管理部门可将客户分成普通客户和核心客户。公司确实有必要特殊管理"实现80%销售的20%的重要客户"。这样的客户就是公司的核心客户。还有一类客户，从销售额看他不算是公司的核心客户，但一旦得罪了这类客户，将给公司造成的巨大社会影响或经济损失，甚至灭顶之灾。对于这类客户，公司信用管理部门应该向高层经理汇报，按照核心客户特殊对待。若公司电子数据处理系统处理不便，可以由公司其他部门或人员特殊管理，信用部门就不必插手。国际上有客户档案库建设工作基本程序，相应的软硬件程序也有许多。

(三)综合打分、评级

公司可按照风险评估考核指标对客户进行打分、评级。将18个因素按照重要程度取权数，可按 40、30、30 分配权数，然后根据每个因素以 1～5 分的分值打分，5 分为好，1 分为差，最后合计。然后可以对选定的客户进行具体的信用评级。

（四）确定信用额度

公司具体运用这些信用评估指标时应该注意风险环境的变化，适度采用弹性原则。另外，公司还要注意特殊客户的处理。客户数据库档案是公司的资产，一般称作商业秘密。合格的客户档案应该是动态的和通过客户资信评级系统评估的，应该具有准确提示、及时传递、显示简单易懂的特点。当然，具体应从软硬件、人员素质、时效成本等几个方面考虑。

收紧还是放宽信用政策，除了对客户进行信用评估外，还需要对公司应收账款水平和成本进行研究。

持有应收账款的成本主要包括五个方面：短缺成本、管理成本、机会成本、收账成本、坏账成本。短缺成本是指没有赢得最大销售产生的损失，与其他成本成反比。公司可对应收账款进行动态管理，包括四个方面的测算：总额比较法、平均收账期法、账龄分析法、比率分析法。

（五）拟定收账政策

收账政策是企业针对应收账款的控制和逾期应收账款催收而制定的政策。它一般由公司经理办公室会议制定，交由信用管理部门执行。公司内部审计部门负责测试其健全性和执行的有效性，并对上述方面提出改进意见。对逾期应收账款诊断的控制政策的意义在于：①不盲目行动，避免不必要的费用发生；②将诊断结论作为工作记录，随时总结工作并向上级汇报；③如果科学的诊断结论认为一笔逾期应收账款已不可收回，该报告可以作为核销应收账款的依据。

三、信用风险评估

（一）应收账款风险评估指标体系

应收账款风险大小主要表现为应收账款占用额及应收账款回收速度。占用额越少、货款收回越快，其发生损失的可能性越小。应收账款风险评估，通常用以下几项指标。

1.赊销总额比率

赊销总额比率 = 赊销额 / 销售收入净额

该指标反映了公司采用赊销方式的销售额占公司全部产品销售的比率，比率越低说明现金销售所占比率越高，发生坏账损失和清账费用越少，但过低会影响公司的销售量。应确定一个适当比率及容忍度，作为评估风险的依据。

2. 应收账款周转率

应收账款周转率＝收回全部应收账款额／应收账款平均占用额

该指标说明应收账款回收速度及效率，周转率越高，收款效率越高，效果越好。相反则效果差，发生坏账损失可能性就大。也应确定一个标准及容忍度，作为评估考核依据。

3. 应收账款收现率

应收账款收现率＝应收账款平均收现额／赊销金额平均净额

该指标说明公司应收账款收款管理水平的高低。如果比率等于1，说明当期赊销货款已全部收回；如果比率小于1，说明当期赊销货款尚有部分未收回；如果比率大于1，说明收回货款大于赊销货款。所以指标越高越好。

4. 账龄比率

1年以上应收账款比率＝1年以上应收账款金额／全部应收账款金额

该指标说明在现有应收账款金额中有多大比率的账龄是超过1年的。账龄也可用0.5年、1.5年、2年或3年以上等，分别反映应收账款的账龄结构。平均账龄越短越好，也可采用平均账龄来评估和分析应收账款损失风险。

5. 坏账损失率

坏账损失率＝坏账损失额／应收账款余额

该指标说明，在应收账款中发生了多少损失，当然发生越少，效果越好。

6. 应收账款占用额

该指标是指每月或每年期末应收账款实际占用资金额。该指标是个绝对数指标，应结合其他指标及公司以往具体情况确定该指标计划占用额、风险容忍度，以便评估风险大小。

（二）应收账款评估指标体系

东方国际保理咨询服务中心采用特征分析法，把影响公司资信状况的具体因素分成18个，归为3类，即客户自身特征、优先性特征、财务信用特征，以进行综合评级。

第六章　公司战略决策与战略风险流程管理

市场竞争环境的剧烈变化给我国公司的生存和发展带来了巨大挑战，随着经济全球化的不断深入，公司不仅要面对国内环境变化带来的威胁，更要面对世界经济变化带来的挑战。为了在激烈的竞争环境中获得生存和发展，公司必须要确保自身具备应对风险的能力。本章分为公司的战略目标与战略层次、公司的战略决策与战略选择、基于流程管理的战略风险控制三部分。本章主要内容包括公司的战略目标、公司的战略层次与体系、公司的战略决策、公司的战略选择等方面。

第一节　公司的战略目标与战略层次

一、公司的战略目标

公司愿景与公司使命从总体上描述了公司存在的理由与发展前景，但仅有明确的公司使命并不能保证公司经营的成功，还必须把这些共同的愿景和良好的构想转化成各种具体的战略目标，以保证公司经营的有序进行。战略目标发展阶段向我们很好地展示了战略目标对实现公司使命、保证公司持续经营的作用以及战略目标应包括的内容。

德鲁克对公司目标做了恰如其分的概括："各项目标必须从我们的公司是什么，它将会是什么，它应该是什么而引导出来。它们不是一种抽象，而是行动的承诺，借以实现公司的使命，它们也是一种用以衡量工作成绩的标准。换句话说，目标是公司的基本战略。"从广义上看，公司战略目标是公司战略构成的基本内容，是公司在实现其使命过程中所追求的长期结果，是在一些重要领域对公司使命的具体化。它反映了公司在一定时期内经营活动的方向和所要达到的水平，如竞争地位、业绩水平、发展速度等。战略目标的制定有助于提高公司的长期绩效和竞争优势。与公司使命不同的是，战略目标要有具体的数量特征和时间界限，一般为 3 ～ 5 年或更长。从狭义上看，公司战略目标不包含在公司的战略构成之中，它既是公司战略选择的出发点和依据，又是公司战略实施要实现的结果。战略是为达到其战略目标而采取的行为。战略目标与战略的时间跨度应当一致，通常为 3 ～ 5 年。

（一）公司战略目标制定的原则

战略目标明确了公司的努力方向，表明了公司的行动纲领。它是公司战略实施的指导原则，战略目标必须能使公司中的各项资源和力量集中起来，减少公司内部的冲突，提高公司管理效率和经济效益；它是公司战略控制的评估标准，战略目标必须是具体的和可衡量的，以便对目标最终是否实现进行比较客观的评估考核。因此，制定公司战略目标是制定公司战略的前提和关键。一般而言，公司战略目标的制定应遵循以下原则。

1. 关键性原则

这一原则要求公司确定的战略目标必须突出有关公司经营成败的重要问题及有关公司全局的问题。为了使关注点较为集中，一般只应设定少数几个目标。因此，这少数几个目标就应当是反映最重大主题的、有关公司全局的。要防止错误地把次要的战术目标作为战略目标，以避免滥用公司资源而因小失大。正如战略研究专家邵雨所言，"战略的开始源于一个明确的目标，从目标开始将使我们将力量与资源集中于一点（一个方向），而非漫无目的付出"。德国著名的军事家、"装甲兵之父"海因茨·威廉·古德里安将军一再强调和训导下属关于装甲兵"闪击"战术的根本原则就是"只准集中，不准分散"，通过集中最为强大的装甲力量，实施纵深突破，而后大迂回迅速扩大战果。乐凯为了与柯达和富士竞争做出了一系列非常重要的决策，首先放弃了原来的全国大范围的竞争策略，把营销重点放在北京，研发重点放到上海，而国际销售重点则放在美国。乐凯在中国把有限的资金投在了刀刃上，在全国发展了 4000 个专卖店，这一系列的战略保证了乐凯不至于被吞并。

2. 平衡性原则

平衡性原则又称一致性原则，在制定战略目标时，需要进行以下两种平衡。一是不同利益之间的平衡。扩大市场销售额的目标与提高投资利润率的目标往往是矛盾的，即因扩大销售而牺牲了利润，或因提高了利润而影响了销售，必须把两者摆在适当的地位以求得平衡。二是近期需要和远期需要之间的平衡。只顾近期需要，不顾远期需要，公司难以在未来继续生存；相反，只顾远期需要而不兼顾近期需要，公司也将难以为继。因此，战略目标的制定必须兼顾公司的长短期利益。例如，"中华老字号"食品公司福源馆曾定下公司目标：今后一个时期内，短期目标是将福源馆建成集中华传统食品文化、休闲旅游观光于一体的吉林省的标志性特色食品企业；中期目标是把福源馆发展成以现代管理、高新科技、企业品牌、文化内涵、生产基地及连锁经营为优势的现代化食品集团；长期目标是将福源馆发展成为有竞争力的全国性、国际性品牌的大型食品企业。

3. 权变性原则

由于客观环境变化的不确定性、预测的不准确性，在制定战略目标时，应制定多种方案，分析其可行性及利弊得失，从中选用一种而将另外几种作为备用。或者制定一些应急措施，如原材料价格猛涨等情况下对战略目标进行适应性调整。诺基亚的战略转型在国际上被公认是非常成功的。诺基亚最开始从事木头生意，当公司生存的要求得到满足之后，又找到了新的经济增长点。当时宏观环境发生变化，世界提倡保护森林资源，于是诺基亚及时进行战略转型，改为从事电缆、电机业务，公司得到进一步的发展。后来，无线通信逐渐火爆，诺基亚又把握住机会进入了无线通信领域，最终成为国际级的大公司。

4. 系统性原则

在大型公司中，总公司（或公司集团）的战略目标与下属各子公司的战略目标以及子公司内职能部门的目标必须一致，要坚决杜绝各个子公司从自身利益出发，随意制定战略目标，并各行其是，这样会导致总公司的战略目标无法实现。母子公司战略目标必须保持同步化、协调化，即要有系统性、层次性。此外，公司的战略目标一经制定和落实，就必须保持相对稳定，不可朝令夕改而引起公司战略的变更。当然，如果经营环境发生了变化，公司总体战略目标调整后，公司的战略目标及所有的经营单位的短期目标也要及时做出相应的调整。例如，在之前，股东利益最大化是企业界普遍认同的公司作为组织存在的首要意义。但是今天，气候变暖、全球化与新技术已经颠覆了过往的思维，"绿色竞争力"成为"核心竞争力"之后的又一关键词。许多大公司纷纷开始了自己的绿色之旅，宝洁将"可持续发展"列入公司的新原则，以此显示自己的战略变化。

5. 可行性原则

确定的战略目标必须确保能够如期实现。因此，在制定战略目标时必须全面分析公司各种资源条件和主观努力所能达到的程度，既不能脱离实际，凭主观愿望把目标定得过高，也不能不求进取把目标定得过低。巨人大厦是史玉柱有生以来第一个重大投资失误，因为他根本没有实力盖一座全国最高的大厦，虽然史玉柱立志要做中国的 IBM，要做"东方巨人"。从理想的精神来看，确立这样的目标也未尝不可。然而，制定目标过高不符合实际，最终导致巨人的坍塌。

6. 挑战性原则

制定公司的战略目标既要具有可行性，又要考虑到其先进性。所谓先进性，就是要求目标必须既具有挑战性，又可以经过努力而实现。目标具有挑战性才能激励公司的管理者和员工去努力奋斗，但是如果目标是无法实现的，那么员工们就会因此而泄气，从而放弃对目标的追求。例如，波音公司曾经确立过降低成本 30% 的目标。为了实现这一目标，管理人员需要使公司各个程序的运作效率实现极大的改善或提高。其他公司的类似试验已经表明，在 6 年时间内降低成本 30% 是可能的。这样，波音公司的目标就是既富有挑战性，同时也具有可行性的。

7. 定量化原则

要使公司的战略目标明确清晰，就必须使目标定量化，具有可衡量性。一个好的战略目标必须是精确而可度量的。如果一个目标无法被精确地描述或无法度量，那么公司就无法对实现这一目标做出的努力进行检查和评估。只有可度量的目标才能为管理者提供判断绩效的标准。目标最好还具有可比性，所以必须进一步明确规定实现目标的期限。时间的限制通常是非常重要的，可以给予员工们实现目标的动力。

8. 易懂性原则

公司各层次的战略管理人员都必须清楚地理解他们所要实现的目标，必须理解评估目标效果的主要标准。为此，公司在阐述长期目标时，要准确、详细，使其容易被人们理解。众所周知的毛泽东理论中的"三大纪律，八项注意"也是一个好的战略目标。"三大纪律，八项注意"为什么能在艰苦时代实现那么好的效果，主要的原因是符合当时的环境，符合劳苦大众出身的红军心中的信仰与心态,结合了当时个人素质参差不齐的人文环境,内容简明扼要、通俗易懂、脍炙人口，并且深入人心，其可操作性、可执行性必然强，产生的战斗力也是可想而知的。

（二）公司战略目标的内容与目标间的关系

1.公司战略目标的内容

战略目标是公司使命和功能的具体体现，一方面，不同的公司会根据各自的使命制定不同的战略目标；另一方面，公司内各部门的子目标也从不同侧面反映了公司的自我定位和发展方向。因此，公司的战略目标是多元化的，既包括经济性目标，也包括非经济性目标；既包括定量目标，也包括定性目标。德鲁克认为各个公司需要制定目标的领域全都是一样的，所有公司的生存都取决于同样的一些因素。他在《管理的实践》一书中提出如下八个关键领域的目标。

①市场方面的目标。应表明本公司希望达到的市场占有率或在竞争中所处的地位。

②技术改进方面的目标。对改进和发展新产品，提供新型服务内容的认知及其措施。

③提高生产力方面的目标。有效地权衡原材料的利用，最大限度地提高产品的数量和质量。

④物质和金融资源方面的目标。获得物质和金融资源的渠道及其有效利用。

⑤利润方面的目标。用一个或几个经济指标表明希望达到的利润率。

⑥人力资源方面的目标。人力资源的获得、培训和发展，管理人员的培养及其个人才能的发挥。

⑦职工积极性方面的目标。关于职工激励、报酬等措施。

⑧社会责任方面的目标。关注公司对社会产生的影响。

2.公司战略目标之间的关系

为了进一步理解和执行战略目标，我们通过公司战略轮盘和战略目标体系来形象地说明以上有关公司战略目标内容的构成及战略目标之间的关系。

（1）战略轮盘

公司的战略目标和公司业务的各个关键方面相互结合，形成一个战略轮盘。该轮盘的轮毂处是公司的总目标，亦即关于公司将如何从事竞争及其特定的经济与非经济目标。辐条的各个部分是用来达到这些目标的主要经营方针。如同一个车轮一般，辐条（方针）出自轮毂（目标）又反射回轮毂（目标），并且辐条之间相互连接，使整个车轮转动。例如，一家通信企业在战略目标确定之后，将公司的指标分解为公司规模、财务、市场、客户、创新和管理六大类，这些指标通过战略的导向能够得到非常有效的分解，从而得出关键绩效指标。规模指标包括营业收入、资产规模、公司市值、用户总数等；财务指标包括营业利润、三年收入增长率、市盈率、所有者权益的报酬、资产负债率、全员劳动生产率；市场指标包括品牌知名度、产品离网率、三年用户增长率、网络覆盖率；客户指标包括客户满意度、千人投诉率、网络覆盖人口数、服务网点数、服务质量；创新指标包括新经营收入比例、研发投入占收入的比例、制度创新；管理指标包括使命、远景和价值观对员工的渗透度、国际收入所占的比例、薪酬体系、网络质量、信息化程度和财务、采购、人员调配的统一等。

（2）战略目标体系

公司所制定的各项战略行动及其结果，是通过战略目标来表述的。由于公司内不同利益团体的存在，目标之间不可避免地会出现冲突和矛盾。例如，公司生产部门的产量目标和销售部门的销量目标之间可能存在冲突；公司降低成本、增加利润的经济目标和依法纳税、保护环境的社会责任目标之间可能存在冲突等。因此，制定战略目标的有效方法是构造战略目标体系，使战略目标之间相互联合、相互制约，从而使战略目标体系整体优化，反映公司战略的整体要求。三星公司把竞争对手的产品与三星的产品放在一起进行品质与设计的比较，他们向世界知名公司学习，公司内部根据行业的特点开始大范围地实施对标战略。三星新产品开发对标标杆学习摩托罗拉，营业销售对标标杆学习微软，优质服务及库存管理对标标杆学习施乐，纤维对标标杆学习日本东丽，现场作业管理对标标杆学习惠普和飞利浦，电子对标标杆学习索尼和松下，质量管理对标标杆学习施乐。这些对目标学习的结果是，让三星公司和这些世界顶尖厂商之间的差距逐渐缩小，最终成为所处行业中的领导者。

战略目标体系通常用树形图来表示，公司战略目标体系一般是由公司总体战略目标和主要的职能目标所组成的。在公司使命和公司功能定位的基础上制定公司总体战略目标，为保证总目标的实现，必须将其层层分解，规定保证性职能战略目标。也就是说，总战略目标是主目标，职能性战略目标是保证性的目标。

二、公司的战略层次与体系

（一）公司的战略层次

一般而言，可以将典型的公司战略分为三个层次。

1. 公司战略

公司战略又称总体战略，是一个公司的战略总纲，是公司最高管理层指导和控制公司的一切行为的最高行动纲领，主要包括发展战略、稳定战略和紧缩战略。总体战略主要强调两个方面的问题：一是"我们应该做什么业务"；二是"我们怎样去发展这些业务"。因此，在战略的四种构成要素中，经营范围和资源配置是公司战略中主要的构成要素。

从公司战略管理的角度来说，公司战略侧重于解决以下三个方面的问题。

①公司使命的确定。公司最适合于从事哪些业务领域，为哪些消费者服务，公司向何种经营领域发展。

②战略事业单位的划分及战略事业的发展规划。如开发新业务的时机与方式，现有事业放弃、维持或者扩展的安排，进行这种调整的深度和速度等。

③关键战略事业单位的战略目标。

2. 竞争战略

竞争战略也称事业部战略，或者是分公司战略，是在公司战略指导下，各个战略事业单位制定的部门战略，是公司战略之下的子战略，主要包括基本竞争战略、不同产业结构下的竞争战略和不同市场竞争地位下的竞争战略。竞争战略主要研究的是产品和服务在市场上的竞争问题，其目的从公司外部来看主要是建立一定的竞争优势，即在某一特定的经营领域取得获利能力；从公司内部来看主要是获得一定的协同效应，即统筹安排和协调公司内部的各种生产、财务、研究开发、营销等业务活动。因此，在战略的四种构成要素中，竞争优势和资源配置是竞争战略中主要的构成要素。

从公司战略管理的角度来说，竞争战略侧重于解决以下五个方面的问题。

①如何贯彻落实公司使命。

②事业部面临的机会与威胁等外部分析。

③事业部面临的优势与劣势等内部分析。

④确定事业部发展的战略目标。

⑤确定事业部发展的战略重点、战略阶段和主要战略措施。

竞争战略与公司战略的根本不同点在于，公司战略要从整体上统筹规划多个战略事业单位的选择、发展、维持或放弃，而竞争战略则只是就本事业部所从事的某一战略事业进行具体规划。竞争战略是在公司战略的指导和要求下进行的。

3. 职能战略

职能战略是为了贯彻、实施和支持公司战略与竞争战略而在公司特定的职能管理领域制定的战略，主要包括研究开发战略、财务战略、营销战略、生产战略、人力资源战略等。职能战略主要研究公司的营销、财务、人力资源、生产等不同的职能部门如何更好地为各级战略服务以提高组织效率的问题。因此，在战略的四种构成要素中，协同效应和资源配置是职能战略中主要的构成要素。

从公司战略管理的角度来说，职能战略侧重于解决以下四个方面的问题。

①如何贯彻落实事业部发展的战略目标。

②职能战略目标的论证及其细化。如发展目标（规模、生产能力等）、主导产品与品种目标、质量目标、技术进步目标、市场目标（市场占有率及其增长率）、职工素质目标、管理现代化目标、效益目标（利润率及竞争能力综合指数）等。

③确定职能战略的战略重点、战略阶段和主要战略措施。

④战略实施中的风险分析和应变能力分析。

以上三种不同层次的公司战略都是公司战略管理的重要组成部分，但是它们各自的侧重点和影响范围是不相同的。公司战略和竞争战略解决的是效能问题，职能战略解决的是效率问题。效能是事物本身所蕴含的有利作用，例如，深翻土地就可以充分发挥水、肥料的效能，所以效能与外部环境有关。效率是指单位时间内完成的工作量，例如，机器和人工的效率差距就很大，所以效率与内部条件有关。改进效能就是要"做正确的事情"，是管理问题；提高效率就是要"正确地做事情"，是技术问题。

（二）公司的战略体系

企业的公司战略、竞争战略与职能战略的有序组合形成了公司的战略体系，描述了战略体系的主要内容。设计战略体系的目的，是为了使公司高层管理人员明确认识战略的层次以及各层次之间的关系，以便根据公司整体的情况和公司内各部门与各单位的经营业务实际情况，制定符合各种实际情况的不同战略，进而有效地实施战略管理，增强公司的战略竞争能力。

第二节 公司的战略决策与战略选择

一、公司的战略决策

决策是对未来实践的方向、目标、原则所做出的决定，是将要见之于客观行动的主观能力。人们无时不在进行着大大小小的决策，每做一件事总要先"想好了"再干，这个"想好了"就是决策，公司的战略决策就是对公司共同的期望、认识和行为所做出的决定。即在一定观念的指导下，对公司未来发展的计划、计谋、模式、定位所做的决定。这个决定对公司的发展意义重大，所以说"在一切失误中，决策失误是最大的失误"。这是在经济工作中对教训和经验所得出的结论，是对许多重大决策错误所造成的深远影响的反思。所以，公司要在世界经济一体化的竞争格局中保持可持续发展，不得不重视战略选择研究。同时，因为战略制定之后，并不会固化、一成不变，还要根据时间、环境、社会、经济、政治、竞争等约束条件的变化而进行调整。所以，必须重视战略管理工作。

（一）战略管理的定义及流程

战略管理是指对公司战略的管理，最早是由伊戈尔·安索夫提出的。战略管理是一个"自上而下"的过程，是"将要见之于客观行动的主观能力"，这个主观能力是领导个人的主观能力、领导集团的主观能力、领导者与团体成员主观能力的结合，所以也就要求高级管理层具备相关的能力及素养。战略管理包括战略分析、战略制定与战略实施三个部分，是战略分析、战略选择及评估与战略实施及控制三个环节相互联系、循环反复、不断完善的一个动态管理过程。

战略分析是战略管理流程的起点，所谓战略分析是对公司的战略环境进行分析、评估，并预测这些环境未来发展的趋势，以及这些趋势可能对公司造成的影响及影响方向，包括公司外部环境分析和公司内部环境或条件分析两部分。公司外部环境一般包括下列因素：政府—法律因素、经济因素、技术因素、社会因素以及公司所处行业中的竞争状况。其目的在于适时地寻找并发现有利于公司发展的机会，以及对公司来说所存在的威胁，以便在制定和选择战略时能够利用外部条件所提供的机会避开对公司有威胁的因素；而内部环境是公司本身所具备的条件，也就是公司所具备的素质，它包括生产经营的各个方面，如生产、技术、市场营销、财务、研究与开发、员工情况等。其分析的目的在于发现公司所具备的优势或劣势，以便在制定和实施战略时能扬长避短、发挥优势，有效地利用公司自身的各种资源。

所谓战略制定就是战略决策的过程。或进行战略选择，解决公司的战略经营领域和竞争优势两个基本问题，解决公司长期发展的目标和实现愿景、计划、规划和战略方向的问题，即采用什么样的战略去获得竞争优势，实现公司目标。

而战略实施及控制就是通过制定职能策略，构建公司的组织架构，挑选合适的公司高层管理者来贯彻既定的战略方案，以保证完成已确立的战略，即将主观见之于客观的过程。战略实施的主要内容是组织调整、调动资源和管理变革。

组织调整就是根据战略实施的需要，对组织结构、业务流程及权责关系进行调整。调动资源是因为战略的实施必然要求统筹不同的资源来实现，包括人力资源、技术资源、财力资源、物力资源、信息资源等，只有这些资源准备充分才能保证战略的顺利实施。管理变革是很重要的工作，也是管理者和决策者需要花费很大精力才能做好的意义深远的工作。而由于战略实施的需要，必然要进行一些管理变革，当组织成长迟缓，内部不良问题产生，无法适应经营环境的变化，影响公司战略的实施时，公司必须制定组织变革策略，将内部层级、工作流程以及公司文化，进行必要的调整与改善，以保证公司战略的顺利实现。公司管理变革，最重要的是在组织高管层面有完善的计划与实施步骤以及对可能出现的障碍与阻力有清醒认识。所以，必须进行三个方面的工作，即诊断变革环境、确定管理风格、确定变革职责。管理变革主要源于公司变化动因，如公司产品和服务与以前不同、公司组织规模与结构发生了变化、公司的技术与工作方法发生了改变、公司的外界环境发生了波动等。一般情况下，有四项标准可以检验公司是否已出现不利的现象，必须进行管理变革：一是公司成员认同感下降，不认同公司价值与愿景，私心大于公益；二是组织不同部门的冲突加剧，冲突造成部门本位主义取代团队合作；三是组织决策权利集中在少数高层，大多数成员不仅无力改变现状，更是得过且过；四是组织既得利益阶层排斥学习新技术与知识，甚至不支持自发性的员工学习。若公司存在上述现象，则必须进行组织变革，否则会对公司战略的实施造成极大的影响。

公司组织变革可以选择三个时期，一是提前性变革，即在公司动因之前着手进行变革；二是反应性变革，即在动因发生时开始实施变革；三是危机性变革，即在公司动因已导致或严重影响公司的发展，倘若再不变革就会导致公司破产或导致重大损失时实施变革。变革分为两种，即增量变革与转化变革。增量变革从积极角度讲就是协调，从消极角度讲就是接受；而转化变革从积极角度讲就是计划，从消极角度讲就是迫使。变革是对旧管理模式的否定，是对新的管理模式的打造与固化，所以要经过旧模式解体、变革与新模式巩固三个阶段。

当然，战略分析—战略制定—战略实施，这是一个因约束条件的变化而不断完善或调整的动态过程，通过分析制定战略，再建立目标体系，实施和执行战略计划，并评估业绩，基本描述了公司战略管理的流程。需要说明的是，在实际工作中，三者并不会分得如此清晰，也并不一定严格按照这个顺序进行。它们可能存在交叉和循环。战略制定不仅要考虑到具体的着陆，也要考虑到企业的使命、愿景及目标。战略分析中要考虑战略制定与战略实施中存在的问题。

（二）公司战略的分类

公司的战略因公司的内外部环境不同而做出不同的选择，这是在认真分析公司的内部信息与外部信息的基础上，按照科学的程序做出的科学决策。公司的战略可从不同的角度加以分类，如公司战略按区域范围可分为本土战略和国际战略。其中，本土战略又叫国内战略，即公司将发展的区域范围限定在国内或本区域，而国际战略也称为跨国战略或全球战略，指公司将战略的实施区域范围扩大到全球或多个国家。从公司的组织层次上将战略分为总体战略（总体态势战略）、基本竞争战略（也称业务单位战略或事业部战略）和职能战略（部门战略），总体战略按竞争态势或发展态势分为成长型战略（增长型战略）、稳定型战略（维持型战略）、防御型战略、紧缩型战略；基本竞争战略按竞争方法分为成本领先战略（低成本战略）、产品差异化战略、集中化战略。职能战略则可分为生产管理战略、市场营销战略、人力资源战略、研究开发战略、财务管理战略、组织管理战略等。

实际上，还可以将公司的成长型战略分为并购战略、跨国经营战略、战略联盟、集中战略（密集型成长战略）、多元化经营战略及一体化战略等；稳定型战略则可以分为无变化战略、维持利润战略、暂停战略、谨慎战略；收缩型战略可以进一步分为调整战略、放弃战略、清算战略、转向战略、剥离战略。而职能部门的战略则不仅是上述三种，还包括研究开发战略、财务管理战略、组织管理战略等。

（三）战略目标系统分析模式与战略决策模式

在现代公司复杂多变的决策系统中，做出一个科学的战略决策，并不能简单地拍脑袋，而是必须遵从科学的决策模式，运用创造与逻辑思维分析，充分掌握内外部信息，遵循科学的系统分析模式，在准确定位公司战略目标的基础上，通过对决策方案的比较与优选制定。

在科学研究中，人们常说"发现问题比研究问题更重要"。公司战略亦然，制定公司战略时，准确定位公司的战略目标比制定可行的战略实施方案更重要，战略目标与公司所处的环境条件密切相关，所以处于决策层面的公司决策分析人员与决策者必须对公司的情况有深刻的理解，若心无全局，只凭一孔之见，是不会做出良好的战略决策的。在定位公司的战略目标时，必须运用创造与逻辑的思维模式，在充分掌握公司的内外部信息的基础上，进行系统分析，方能判断出准确的战略定位，否则可能会制定出和公司本身的竞争地位、所从事产业的发展态势及公司的资源状况存在差异的战略目标，使公司的发展受到影响。

二、公司的战略选择

科学合理地制定公司发展战略，确定公司发展目标，是保证公司健康发展的基础。就公司战略而言，这是从策略层面上对公司发展和管理所进行的探索。

（一）公司战略目标的选择

1.战略目标的内涵

战略目标是指充分挖掘公司的内部资源、能力和核心竞争力，以在竞争环境下实现公司目标。当公司上上下下都致力于某一重要的特定工作标准时，战略目标才有可能存在。有人认为，战略目标给员工提供值得他们追求和奋斗的唯一目标。当员工真正热爱他们的产品和所在行业，并致力于战胜竞争者的时候，战略目标就被卓有成效地确立了。

苹果公司似乎正在改变其战略目标。虽然史蒂夫·乔布斯在20世纪90年代重新就任首席执行官（CEO）之后，稳定了这家正在迅速衰退的公司，但是苹果公司的电脑市场占有率还是下降明显。因此，乔布斯通过推出全新的在线音乐服务，带领公司进军数码娱乐领域。他与娱乐界紧密联系、达成协议，使得苹果产品的新服务能够提供流行音乐如老鹰乐队等的音乐作品。这一战略目标的转变可能事关苹果公司的生死存亡。

一个公司仅仅知道自己的战略目标是远远不够的，知己知彼，方能百战不殆。公司只有了解其他公司的战略目标之后，才能意识到竞争者的决心、毅力和创造力。例如，现在苹果公司不仅要明确理解戴尔公司的战略目标，还要了解环球音乐集团的战略目标。公司的成功需基于对顾客、供应商、合作伙伴和竞争对手的战略目标的深刻而敏锐的理解之上。

战略使命是一个来源于战略目标，但又区别于战略目标的概念。在认识战略目标的过程中，一定要注意区分战略目标与战略使命。战略使命主要是针对公司外部而言的，描述一个公司的目标及其所从事的生产领域和市场范围。"战略使命给出了一家公司利用核心竞争力准备生产的产品及打算进入的市场的描述。一个有效的战略使命面向所有的利益相关者，决定公司的独特性，并且鼓舞人心。"战略意图和战略使命共同带来了公司设计和实施战略所需的卓识远见。

强生公司将战略使命放在顾客身上，认为公司要为"医生、护士、病人、父母及所有使用我们产品和服务的人负责"。当公司清楚自己想要做些什么，明确在追求目标的过程中必须遵守的道德标准时，才能形成有效的公司战略使命。"强生明确了在特定市场将提供的特定产品，给出了公司运作的框架，因而，它的战略使命是战略意图的体现。"

研究表明，形成有效的战略意图和战略使命并严格加以执行，对用销售量、利润、员工数和净价的增长来衡量的公司业绩有着积极作用。当公司具备了战略竞争力，并正在赚取超额利润时，公司便获得了满足利益相关者需求的能力。

2. **战略目标的主要内容**

（1）利润目标

利润目标是公司的基本目标。公司作为一个经济性实体，必须获得经济效益才能够生存和发展。常用的利润目标用利润额、销售利润率、资本利润率、投资收益率、每股平均收益率等来表示。

（2）市场目标

市场是公司竞争的战场，市场目标是公司竞争的重要目标。衡量市场目标常用的指标有市场占有率、市场覆盖率、销售额、销售量、新市场的开放和传统市场的渗透等。

（3）产品目标

产品是一个公司赖以生存的基础，产品的水平、档次、质量等反映了公司的实力。产品目标通常用产量、质量、品种、规格、优质品率、产品线或产品销售额和盈利能力、新产品开发周期等来表示。

（4）竞争目标与发展目标

竞争目标表现为公司在行业中的竞争地位、公司的技术水平、产品质量排名、公司在消费者心目中的形象等。发展目标表现为公司规模的扩大、资产总量的提高、技术设备的更新、劳动生产率的提高、新产品和新事业的发展等。

（5）资金目标

资金目标可用资本构成新增普通股、现金流量、流动资本回收期、资本利润率、投资收益率、每股平均收益率等来表示。

（6）生产目标与生产率目标

生产目标可用工作面积、固定费用或生产量来表示，如 5 年内生产能力提高 20%。生产率目标可用投入产出比率或单位产品成本表示，如 5 年内工人的日产量提高 10%。

（7）研究与开发目标

研究与开发目标可用花费的货币量或完成项目、新产品开发数量、新产品开发周期等来表示，如 10 年内陆续投资 1 亿元开发一种新型汽车。

（8）组织目标

组织目标用将实行的变革或将承担的项目来表示，如 3 年内建立一种分权制的组织机构。

（9）人力资源和员工福利目标

人力资源和员工福利目标有工资水平的提高、福利设施的增加、住房条件和教育条件的改善，以及缺勤率、迟到率、人员流动率、培训人数或将实施的培训计划数等。如 3 年内以每人不超过 8000 元的费用对 200 个员工实行 40 小时的培训计划。

（10）社会责任目标

社会责任目标反映了公司对社会的贡献程度，如合理利用自然资源，降低能源消耗，保护生态环境，积极参与社会活动，支持社会和地区的文化、体育、教育、慈善事业的发展等。

3. 战略目标的结构体系

通常来讲，战略目标结构体系用树形图来表示。公司的战略目标结构体系一般是由公司经营与管理的总体战略目标和公司的主要职能两个基本部分组成的。管理者一般都是通过公司使命和公司功能的定位确定公司的经营计划和战略目标，为了能够实现预期的战略目标，管理者需要层层分析和解剖整个战略目标。

在公司使命和公司功能的确定与选择上，公司根据市场目标、创新目标、盈利目标和社会目标这四个基本组成部分来深入分析整个公司战略和公司使命。

（1）市场目标

公司在整个行业市场上所占有的地位，是管理者最需要慎重考虑与决定的，它不仅是公司竞争力的体现，同时也是公司形象与综合实力的象征。公司预期达到的战略目标应该是市场占有率和产品口碑的提升。要达成这一目标需要公司从产品的原材料购进到产品售后服务的每一个管理环节入手，通过坚持不懈的努力才能实现既定的战略目标。

①产品目标。产品目标是公司市场目标的基本组成要素之一。公司产品目标的实现主要通过管理者对公司产品组合、生产流水线、产品营销策略经营环节的改善和提高来实现。

②渠道目标。渠道目标主要是公司在产品销售的途径上所要达到的目标。公司的渠道目标主要包括对纵向销售渠道层级的调整和对横向销售渠道数量的优化，只有这两个方面都达到最佳状态，公司的渠道目标才能够真正实现。

③沟通目标。沟通目标主要包括三个方面的内容，即公司宣传、推广手段的优化以及售后服务质量的提升。沟通目标的实现有赖于公司明确岗位职责，建立完备的售后服务体系与宣传推广制度。

（2）创新目标

①制度创新目标。随着生活水平的提升和经济的不断发展，新的组织和组织形式应运而生。制度创新目标对公司资源配置的方式进行了合理的调整，将资源配置的效率提升到了一个新的水平。

②技术创新目标。技术创新目标会促进公司技术的改进和生产方式的革新，这些积极的改变会大大提高公司产品的市场竞争力，为公司的发展提供强劲的动力。

③管理创新目标。管理创新主要涉及公司管理者的经营思路、管理方式、公司结构等较高层次的管理内容。管理创新目标是整体上优化的经营管理方式，为公司制度和经营模式的现代化打下基础。

（3）盈利目标

盈利是市场经济条件下公司经营的基本动力，公司想要生存就必须追求经济效益，公司的盈利目标是其经营管理成果的体现，可以从整体上反映整个公司的管理水平和经营状态。盈利目标的实现需要公司从多个方面入手，以降低成本、提高销量。

①生产资源目标。一般来说，公司通过对生产投入和产出进行相应的调整就能够获得一定的利润。从理论上来说，降低产品的投入成本可以提高公司的获利水平。当然，提高公司的产出效率也是公司增加利润的一个重要途径。

②人力资源目标。当前市场竞争的实质就是人才的竞争，只有拥有高素质的员工，公司才能获得更好的发展。人力资源目标是提高公司员工的专业技能水平与职业道德素质，增强员工对公司的忠诚度，控制人才的流失。公司人力资源目标的实现可以有效帮助公司稳定经营和管理的局面，提高公司的抗风险能力。

③资本资源目标。达成公司的盈利目标需要合理地制定资金运作目标。公司要合理分配其赚取的利润，使所有人都能享受到公司利润增长带来的好处。此外，公司还要留足其发展的备用资金。

（4）社会目标

在经营过程中，现代公司必须勇于承担自己的社会责任。一方面，要树立健康、积极的公司形象，注意自身的社会影响；另一方面，要积极承担自己的责任，保护生态环境，积极发展慈善事业，回报社会。公司承担自己的责任会赢得市场和消费者的好感。这会促进公司产品销量的增加和利润的增长，从这一点上来看，公司承担社会责任也是在促进本公司发展。

①公共关系目标。公共关系主要着眼于公司的形象和文化这两个方面，通常情况之下，公众对公司的满意度和公司的社会知名度可以作为衡量组织公共关系的标准。

②社会责任目标。公司的社会责任目标是指公司主动参与社会问题的处理与解决，如在生产过程中保护生态环境、节约使用能源等一系列对社会发展有益的公司活动。

③政府关系目标。公司作为最主要的纳税主体，他们所缴纳的税金是国家收入的主要来源，从某种意义上来说，公司是政府管理的基础，同时公司也受政府管理的制约。与政府部门改善关系，开发双方的合作潜力，对政府部门和公司的发展都具有重要的意义。

（二）公司战略类型的选择

1.成本领先战略

①在竞争者中保持领先地位。在同一领域内的公司竞争，占有成本领先优势的公司可以借助其价格优势，吸引更多的消费者，使竞争对手的客户转而支持本公司的产品，抢占其他竞争者的市场占有率，提高销售量，因而可以获得更多的利润。因此，公司在市场行情平淡时也能获利，在市场行情处于低谷时亦有较强的生存能力。这样公司就能不断地增加市场占有份额，从而保持在行业中的领先地位。

②减少进入者的威胁。公司在成本领先的前提下，可以实行较低的价格，这样就会给那些想进入本行业的潜在竞争者设置较高的障碍，使那些生产技术不成熟、设备老化、经营上缺乏经验、规模较小的公司都无法进入此行业。成本领先的公司处于一个比较有利的地位，当它受到外界威胁时，可以采取降价的方式，使新的竞争对手无法吸引顾客，因此低成本生产者的降价能力是新

进入者的一个障碍。如果那些潜在的竞争者进入这个行业，就会遇到品牌知名度不高、生产技术不成熟、市场占有率低、缺乏规模经济效益等方面的问题，导致公司成本过高，使他们对进入此行业望而却步，从而减少了行业进入者的威胁。

③减少替代品的威胁。在面对替代品的威胁时，实施成本领先战略的公司因其低成本的优势而比竞争对手更具有灵活性。这是因为替代品毕竟是一个新生事物，而市场或消费者在接受新事物时需要一个过程。在这个时期内，公司就可以利用自身的价格优势，实行进一步降价，用降低产品价格或服务价格的方式来稳定和吸引顾客，减少替代品的威胁，保持自己的竞争地位。

④增强公司讨价还价的能力。与强有力的购买者合作时，他们往往会要求更低的价格或者更高的质量，从而对公司发展形成威胁。但是实行成本领先战略的公司，由于生产成本低于市场标准成本，在价格被压低后，仍然能够承受由于提高产品质量而增加的成本。如果购买者所需要的产品只有少数的生产企业能够提供，那么他们压价提质的要求往往不会实现。即使少数异常强大的购买者能够做到这一点，他们往往也不会这么做，因为在严苛的要求下，价格被压到最低，只有少数的成本领先者能够生存下来，成本领先者就会变得更加强大，形成垄断，这样反而对购买者不利。公司在与卖方进行谈判时，由于自身具有低成本的优势，因此能够承受一定程度的原材料和零部件价格的上涨，可以在较大的范围内承受市场上各种经济因素对公司利润所产生的影响。因为实行规模经济，成本领先公司对原材料的需求量较大，所以可以从供应商那里获得廉价的原材料，易于和供应商保持长期稳定的合作关系，利于公司的发展，从而获得更大的经济效益。

2. 差异化战略

①降低消费者对产品价格的敏感度。当公司所提供的产品或服务的差异化被消费者所接受后，就会对该产品产生一定的忠诚度，成为该产品或服务的忠实消费者。随着公司产品的不断创新，消费者对于公司产品或服务品牌的忠诚度也会不断增加。与此同时，消费者对于产品或服务涨价的敏感度就会相对下降，使公司获得更多的收益。这样，消费者对公司品牌的忠诚度与价格敏感度间的关系就会使得公司在与同行业的竞争中处于有利地位，成为该行业的领导者。

②增强公司讨价还价的能力。实施差异化战略的公司产品或服务价格较高，给公司带来了较高的收益，这样就相对降低了公司的总成本，能够应对供应商的涨价行为，增强了公司对供应商讨价还价的能力。公司实行的差异化战略，

使消费者缺乏可与之相比较的同类型产品，增强消费者忠诚度的同时，降低了他们对价格的敏感度。公司可以利用消费者的这个特点，将供应商涨价所带来的成本增加的部分全部转移到产品的价格上，让消费者来承担这部分费用，保证公司的利润不受损失。

③对进入者设置壁垒。由于产品或服务的独特性，市场上的消费者对产品或服务具有很高的忠诚度。潜在的进入者要进入该行业，就必须要与原有的公司进行竞争，投入大量资本与精力来模仿甚至超越原有产品或服务的独特性，才能吸引消费者的目光，从而转变消费者对原有产品或服务的信赖，消除原有产品独特性的影响。这样就加大了潜在进入者进入该行业的难度，保持了原公司有利的竞争地位。

④减少替代品的威胁。公司实行差异化战略的优势是，使公司所提供的产品或服务具有独特性，赢得消费者的信赖，建立起他们对于产品的忠诚度。替代产品要想在这个行业站稳脚跟，就必须同样能够满足消费者多样化的需求，甚至是更苛刻的要求，同时还要消除消费者对原有产品的忠诚度和转移成本的障碍，才能拓展自己的市场，吸引消费者的目光。这给替代品的进入设置了很高的障碍，使替代品无法对原有商品产生威胁。同时，原有公司还可以提高产品的性价比，不断推出新产品，使得替代品无法与之竞争。

3. 重点集中战略

①在竞争者中保持领先地位。实施重点集中战略的公司在一定程度上把竞争的范围缩小了，集中了经济目标，使管理更加方便，便于集中整个公司的力量和资源进行生产，使公司的产品和服务更加专业化，能够比定位于细分市场中同行业的竞争者更加了解消费者，从而增加了公司的市场占有份额并增强公司的竞争能力，使公司在经营中获得更多的收益。

②减少潜在进入者的威胁。当实行重点集中战略的公司做到了一定的程度，拥有了服务于目标市场的独特能力，增强了消费者的忠诚度，那么自然就会对潜在进入该行业的竞争对手形成一种无形的壁垒，使他们进入该目标市场就变得更加困难，有效阻挡潜在竞争者的进入。因此，公司提高对目标市场上提供的产品和服务的专业化水平可以有效防止潜在的进入者进入，减少来自潜在竞争者的威胁。

③减少替代品的威胁。实施集中化战略的公司所提供的产品或服务通常是针对特定目标市场中消费者的独特需求而产生的，能有效满足消费者的需求，增强消费者对公司的忠诚度，甚至具备较高的转换成本，替代品想要进入这个

目标市场，就必须要消除以上原有公司所产生的各种影响，需要耗费大量的资本和精力，从而形成了替代品进入的巨大障碍。

④增强公司讨价还价的能力。对于消费者来说，他们已经习惯于公司对他们提供的满足自身需要的产品或服务，因而不愿轻易转向那些不能够满足自己期望和要求的公司品牌，从而使公司在某种程度上增强了对消费者讨价还价的能力。采用重点集中战略的公司由于其产品或服务在专业市场上具有独特性，因而提升了其对供应商的谈判优势，也增强了公司对供应商讨价还价的能力，更有利于公司的发展。

第三节　基于流程管理的战略风险控制

一、风险偏好对战略选择的影响及其控制

从流程的角度对战略风险进行管理，除了在制定战略时要遵循决策的模式，遵从战略目标系统分析的逻辑程序，在战略管理上组织调整，通过严格的预算实施进行资源组织与分配，保证战略实施良好进行外，还要注意决策人员风险偏好对战略重点选择的影响，要通过完善组织架构（形式）使其对战略制定与实施产生积极的作用，要关注风险部门管理人员的素质、知识结构与职责分配对风险管理效率的影响。

（一）风险偏好的定义及分类

风险就是一种不确定性，一般指负面的不确定性，即可能给公司带来损失的不确定性。决策者或经理层对这种不确定性所表现出的态度、倾向便是其风险偏好。所以，风险偏好是指，为了实现目标，公司或个体投资者在承担风险的种类、大小等方面的基本态度。从广义上看，风险偏好是指公司在实现其目标的过程中愿意接受的风险的数量。风险偏好的概念是建立在风险容忍度概念的基础上的。不同的行为者对风险的态度是存在差异的，一部分人可能喜欢大得大失的刺激，另一部分人则可能更愿意处于稳定的环境中。

根据投资体对风险的偏好将其分为风险回避者、风险追求者和风险中立者。

风险回避者进行决策时的态度是，当预期收益率相同时，偏好于具有低风险的资产；而对于具有同样风险的资产，则钟情于具有高预期收益率的资产。

与风险回避者相反，风险追求者通常主动追求风险，喜欢收益的动荡胜于喜欢收益的稳定。他们进行决策的原则是，当预期收益相同时，选择风险大的，

因为这会给他们带来更大的效益。

风险中立者通常既不回避风险，也不主动追求风险。他们做出战略选择的唯一标准是预期收益的大小，而不管风险状况如何。

（二）风险容忍度及其与风险偏好的关系

和风险偏好密切联系的另一个概念就是风险容忍度。风险容忍度是指在公司目标实现的过程中对差异的可接受程度，是公司在风险偏好的基础上设定的对相关目标实现过程中所出现差异的可容忍的限度。

显然，风险偏好的概念是建立在风险容忍度概念基础上的。风险容忍度大的决策者是风险追求者，而风险容忍度小的决策者显然为风险回避者。对风险保持适中的态度在决策上就属于风险中立者，他们在决策时既不回避风险，也不主动追求风险，对风险采取中立的态度，既不保守地选择风险小的方案以尽可能降低风险，也不以激进的态度追求风险大的项目。风险中立者一般是在既定的风险标准上和既定的预期收益水平上进行决策的，对风险采取不偏不倚的态度。当然，风险偏好与风险容忍度都是一个定性的概念，具有相对性。

（三）风险偏好与战略风险

不同风险偏好的决策层会在完全相同的约束条件与战略目标下做出完全不同的战略选择。如果战略选择超过了公司的风险承受能力，则会给公司造成重大的损失，因为风险偏好并不等同于风险承受能力，风险承受能力才是公司制定战略必须考虑的一个战略选择的约束条件，决策层或决策者个人愿意承担更大的风险只能说明其本人的风险偏好，绝不等同于公司实际上具有承受此类风险的能力。如果在高收益的诱惑之下，不充分考虑公司自身的风险承受能力，制定出和公司风险特征不吻合的公司战略，一旦市场条件、经济基础、政治环境或公司自身的战略控制出现和预期不一致的偏差，就会给公司造成极大的风险损失。

公司战略决策是否能够对公司的成长起到积极的作用，换句话讲，是不是一个相对科学的决策，取决于公司的决策层对风险的认知程度，公司的决策层在制定公司战略时，要对公司本身的风险承受能力有充分的估计，在此基础上确定自己的风险态度。简单靠决策层或决策者个人的风险偏好进行战略决策，极易做出非理性的战略选择。所以，要控制决策风险，首先，要求决策者冷静对待自己的风险偏好，摸清公司资产、人力资源、技术、组织效率等情况，对自身的风险承受能力有较为客观的认识，才能据此做出与其公司实际情况相匹配的战略选择；其次，要有相对健全的战略决策机构与科学的战略选择流程，避免以部分决策者个人的风险偏好来对公司的整体战略做出决策，尽量以科学的程序和完善的组织来控制其决策行为；最后，决策组织应该是一个各方面人才都具备的组织，不仅有经济、技术、法律方面的专家，还要有风险管理专家。这种知识结构合理的组织通过集体智慧所做出的决策比某个或部分决策者制定的公司战略更具有科学性，考虑的因素更全面。只有这样，才能在有效控制投资风险的前提下，最终实现公司的价值增值，并发挥其竞争优势。

二、基于战略风险管理的公司组织结构与决策流程

（一）公司组织结构的类型及其优缺点

公司组织结构是公司流程运转、部门设置及职能规划等最基本的结构依据，一个公司要实现其愿景，实现其战略，就必须具备一定的组织结构。一个设计完善的组织结构可以帮助公司适应其所处的环境变化，实现公司的战略目标，增强公司的对外竞争力，同时有助于公司内部的技术开发，人员素质的提升和公司经营效率的提高。公司的组织结构根据公司的具体情况与集权、分权的状态分为如下几种：直线制、职能制、U 型组织结构、M 型组织结构及矩阵式组织结构等。

直线制组织结构是最古老的组织结构形式。所谓的"直线"是指，在这种组织结构下，职权直接从高层开始向下"流动"（传递、分解），经过若干个管理层次达到组织最低层。其特点主要有三点：一是组织中每一位主管人员对其直接下属拥有直接职权；二是组织中的每一个人只对他的直接上级负责或报告工作；三是主管人员在其管辖范围内拥有绝对的职权或完全职权，即主管人员对其所管辖部门的所有业务活动行使决策权、指挥权和监督权。在直线制组织结构下，经营管理职能只存在垂直分工而不存在水平分工，因此，在某种意义上类似于逐级承包体制，是一种集权式的组织结构形式。

从管理理论与实践上讲，直线制组织结构与链型沟通渠道模式在一定的条件下，均有其存在的合理性及优势。在人数不多的小公司或信息需要严格分层级保密的组织（如小型军队）中，直线制组织结构与链型沟通渠道模式可以简化管理与沟通过程，有助于产生较高的组织工作效率与效益。

职能制结构起源于 20 世纪初法约尔在其经营的煤矿公司担任总经理时所建立的组织结构形式，故又称"法约尔模型"。其是按职能来组织部门分工，即从公司的高层到基层，把承担相同职能的管理业务及其人员组合在一起，设置相应的管理部门和管理职务。例如，把所有同销售有关的业务工作和人员都

集中起来，成立销售部门，由分管市场营销的副经理领导全部销售工作。研究开发、生产制造、工程技术等部门同样如此。

在职能制条件下，各级管理机构和人员实行高度的专业化分工，各自履行一定的管理职能。因此，每一个职能部门所开展的业务活动将为整个组织服务。整个管理系统划分为两大类机构和人员：一类是直线指挥机构和人员，对其直属下级有发号施令的权力；另一类是参谋机构和人员，其职责是为同级直线指挥人员出谋划策，对下级单位不能发号施令，而是起业务上的指导、监督和服务的作用。在职能制条件下，公司的管理权力高度集中。由于各个职能部门和人员都只负责某一个方面的职能工作，唯有最高领导层才能纵观公司全局。所以，公司生产经营的决策权必然集中于最高领导层，主要是集中在总经理身上。

职能制结构形式的主要优点有四点：一是由于按职能划分部门，其职责容易明确规定；二是每一个管理人员都固定地归属于一个职能结构，专门从事某一项职能工作，在此基础上建立起来的部门间联系能够长期不变，这就使整个组织系统有较大的稳定性；三是各部门和各类人员实行专业化分工，有利于管理人员注重并熟练掌握本职工作的技能，有利于其强化专业管理，提高工作效率；四是管理权力高度集中，便于最高领导层对整个公司实施严格的控制。

职能制结构形式也存在如下四个方面的缺点：一是横向协调差，高度的专业化分工以及稳定性使各职能部门的眼界比较狭窄，他们往往片面强调本部门工作的重要性，希望提高本部门在组织中的地位，十分重视维护本部门的利益，容易产生本位主义、分散主义，造成内耗，使职能部门之间的横向协调比较困难；二是适应性差，由于人们主要关心自己狭窄领域的专业工作，这不仅使部门之间的横向协调困难，而且妨碍人们相互间的信息沟通，高层决策在执行过程中也往往被狭窄的部门观点和利益所曲解，或者受阻于部门隔阂而难以贯彻，这样使整个组织系统就不能对外部环境的变化及时做出反应，导致组织适应性差；三是公司领导负担重，在职能制结构条件下，部门之间的横向协调只有公司高层领导才能解决，加之经营决策权又集中在他们手中，公司高层领导的工作负担就十分沉重，容易陷入行政事务之中，无暇深入研究和妥善解决生产经营中的重大问题；四是不利于培养素质全面的、能够经营整个公司的管理人才，由于各部门的主管人员属于专业职能人员，工作内容本身限制着他们扩展自己的知识、技能和经验，而且使其养成了注重部门工作与目标的思维方式和行为习惯，使得他们难以胜任对公司全面负责的高层领导工作。

U 型组织结构是 19 世纪末 20 世纪初西方大公司普遍采用的一种按职能划分部门的纵向一体化的职能结构，特点是公司内部按职能（如生产、销售、开发等)划分成若干部门,各部门独立性很小,均由公司高层领导者直接进行管理,即公司实行集中控制和统一指挥。U 型结构保持了直线制的集中统一指挥的优点,并吸收了职能制的专业管理职能的长处,适用于市场稳定、产品品种少、需求价格弹性较大的环境。但是,从 20 世纪初开始,西方公司的外部环境发生了很大的变化,如原有市场利润率出现下降、新的技术与发明不断产生等,同时公司的规模不断扩大,使这种结构的缺陷日渐暴露:高层领导者由于专注于日常生产经营活动,缺乏精力考虑长远的战略发展问题,且行政机构越来越庞大,各部门协调越来越难,造成信息成本和管理成本上升。通用汽车公司针对这种结构的缺陷,首先在公司内部进行组织结构的变革,采用了 M 型组织结构,此后,许多大公司都仿效通用汽车公司的做法。

M 型组织结构亦称事业部门型组织结构。这种结构的基本特征是战略决策和经营决策分离。根据业务按产品、服务、客户、地区等设立半自主性的经营事业部,公司的战略决策和经营决策由不同的部门和人员负责,使高层领导者从繁重的日常经营业务中解脱出来,集中精力致力于公司的长期经营决策,并监督、协调各事业部的活动和评估各部门的绩效。与 U 型组织结构相比较,M 型组织结构具有治理方面的优势,且符合现代公司经营发展的要求。M 型组织结构是一种多单位的公司体制,但各个单位不是独立的法人实体,仍然是公司的内部经营机构,如分公司。

矩阵式组织结构形式是在直线制和职能制垂直形态组织系统的基础上,增加一种横向的领导系统,它由职能部门系列和为完成某一临时任务而组建的项目小组系列组成,从而同时实现了事业式与职能式组织结构特征的组织结构形式。矩阵式组织结构也可以称为非长期固定性组织结构。矩阵组织的高级形态是全球性矩阵组织结构,目前这一组织结构模式已在全球性大公司如 ABB 集团、雀巢公司等组织中进行运作。把按职能划分的部门与按项目划分的小组结合起来组成矩阵,使小组成员接受小组和职能部门的双重领导。其特点表现为围绕某项专门任务成立跨职能部门的专门机构。这种组织结构形式是固定的,人员却是变动的,任务完成后就可以离开。

这种组织结构不仅具有高度的弹性,还可以使各地区的全球主管同时接触到有关各地的大量资讯,为全球主管提供了许多面对面沟通的机会,有助于公司的规范与价值转移,因而可以促进全球企业文化的建设。其优点包括:其一,加强了横向联系,专业设备和人员得到了充分利用;其二,具有较大的机动性;其三,促进了各方面专业人员互相帮助、互相激发、相得益彰。而其缺点包括:成员位置不固定,有临时观念,有时责任心不够强,人员受双重领导,有时不易分清责任。与 U 型组织结构相比较，矩阵式组织结构机动、灵活，避免了 U 型组织结构中各部门互相脱节的现象。

（二）基于风险管理组织结构设计及决策流程的建议

组织设计属于顶端层面的设计，是投资者达成共识，为了某个愿景，为了一定的目标设立公司的第一步工作，这个工作对将来公司的运行及其风险管理极为重要，必须深思熟虑、认真研究、科学论证。组织设计主要是研究如何合理设计公司内部组织架构以及确定组织内各部门之间关系与合作模式的过程。公司战略风险管理是否有效，受到组织机构及其管控模式的影响，也就是风险管理机构在组织结构中的设置及其是否能有效参与战略决策的审定，是否在决策系统中具有有效的影响力，是否能够在公司的信息沟通网络中得到良好的响应。有的学者建议将风险管理委员会在公司的组织结构中置于一个较高的层次，并赋予其一定的考核权力，以利于其开展工作。那么这个较高的层次，究竟是什么样的层次？风险管理委员会究竟应被赋予什么样的权力才能保证其对风险的有效管控？

要强化风险管理委员会这一机构对决策的影响，加强其对风险管理的权力，必须在组织结构中将之置于一个关键的位置，这个关键的位置就是让其和监事会并列，处于公司治理结构中的第三个层面，即处于董事会之下，经理级之上。

有的组织机构尽管在公司中置于某一层面，但在实务中往往形同虚设。究其原因，除了没有被赋予一定的权力之外，还有一个原因，即此机构中的成员在公司中的地位不高，不具有有效的人际关系影响力，对重大事件没有知情权与参与权。

其一，风险管理委员会中的关键岗位——风险管理经理应该通晓风险管理知识，懂得风险管理，富有专长和工作经验，了解公司的基本生产与业务流程，了解公司的财务情况及人才资源情况，对公司所处的产业有较为深入的了解，同时具备良好的沟通能力，有强烈的责任感。

其二，在公司的风险管理委员会中，应当有大股东参加，除了公司的董事长参加外，还要有几名董事参加，同时要吸纳不同领域的专家、重要职能部门的领导参加。这样，不仅保证了信息的来源充分，也保证了风险管理委员会在公司战略决策问题上的影响力。

其三，要建立科学的风险管理的决策流程。决策流程不健全，决策方法不完善，是战略决策进行风险审定产生问题的主要原因。所以，风险管理委员会应该有一个科学的流程、科学的方法，避免因个人地位而导致风险审定工作成为一家之言。此时，可以采用集体决策、匿名表决的方式，也可以采用评分法、头脑风暴法等一些方法，充分尊重不同专业人士的意见，能够形成较为客观的结论。

其四，必须赋予风险管理经理及风险管理委员会一定的权力，以保证其风险管理职责的履行，没有权力保证的职责是不可能实现的。

其五，在公司的治理结构建设中，要特别注意建立良好的委托代理机制，因为所有权和经营权的分离必然会导致任何经营管理人员都不可能像股东一样对公司产生本能的责任感，而要让风险管理经理及风险管理委员会的成员们以最大的责任感，充分利用自己的专长在风险管理方面为公司做出努力，无疑就是建立让风险管理经理与风险管理委员会认可的委托代理机制，实现公司利益与员工利益之间的平衡。

三、制度层面的风险管理委员会的职责及权力建议

（一）风险管理委员会的职责

对风险管理委员会应赋予明确的职责，才能够使这个机构师出有名，积极为公司战略风险管理保驾护航，在公司战略决策与战略风险管理中起到积极作用。风险管理委员会应被赋予以下权力。

一是建立风险管理制度，制定并明确风险管理经理的职责。风险管理具有全面性、系统性，公司战略决策的制定要考虑公司的资产、财务、人事、营销、生产等诸多方面。风险管理经理和风险管理委员会要和上述相关部门进行良好的沟通才能通晓公司的实际情况，所以，必须制定有效沟通、权责明晰的风险管理制度，以保证风险管理的全面性、全员性、全过程性。

二是制定风险管理措施，建立风险管理流程。用什么样的方法进行风险管理，遵从什么样的流程，应该由风险管理委员会提出并经董事会表决同意实施。风险管理必须进行公司的日常管理，必须融合在公司的经营活动中，必须是公司管理不可或缺的重要环节，才能保证公司在风险管控上的力度，实现风险的合理规避。所以，必须将风险管理纳入公司的经营业务中去，成为其不可分离的有机整体。

三是要建立风险管理考核、监督与评估制度，形成有效的监督、考核及信息反馈机制。风险管理要着陆，要对公司的各个层面产生影响，不仅要求在重大决策上具有参与权、否决权，还要对具体的业务具有监督、评估与考核权，考核的结果必须对被考核对象的绩效产生相应的影响，实现风险管理责任到人。

唯此，才能让公司的各部门重视风险管理，防微杜渐。事实证明，一些风险事件的发生并非不可管控，完全是由于公司决策层、管理层不重视而导致的累积效应。

四是加强风险意识与风险理念教育，营造风险管理的内部环境，建立关注风险的公司文化。风险管理经理不可能了解公司所有环节的风险，而基层工作部门和生产环节的工作人员才具备这样的条件，但他们也只是了解本部门或自己所从事的生产环节的风险，不具备整体性与综合性。同时，由于知识水平的局限性，他们不可能对风险有深刻的认识。那么，只有通过风险文化的建设，才能使各个部门、各个员工树立起风险理念。要认识到"管理风险是每个人的工作"，就必须加强风险教育，因为公司的各部门及员工影响风险管理的实施及效果，唯有他们重视风险管理，风险管理的工作才会对公司的发展起到护航保驾的作用。

（二）风险管理委员会的权力

风险管理委员会必须具备一定的管理权，否则无以实现其设立的目标与职责。职责与权力必须匹配，没有权力保障的职责是不可能实现的。所以，为了确保风险管理委员会的职责能够顺利行使，必须给予其相应的权力，具体包括以下几点。

其一，决策的参与权与表决权。风险管理委员会必须审定公司的重大决策，必须具有表决权、否决权。唯如此，风险管理委员会才能不成为虚架子，才能从源头上起到风险防范的作用。风险管理委员会的一些成员本身是董事会的成员，其参加了公司战略决策的制定与选择，了解公司的战略决策，这样风险管理委员会在审定公司的战略决策时，就会便于沟通。但要让风险管理委员会真正职权相符，必须使其具备公司决策的审定权，并具备否决权。

其二，风险管理委员会须具有在一定程度上使用资源的权力。比如，必须有一定的预算，用于风险管理的教育、培训，必须对各部门的工作具备了解调查权，有权要求相关部门的人员提交其所需的资料，有权要求相关部门的负责人对其所属部门的风险管理状况做出报告。

其三，考核权。考核结果要和各部门及其成员的绩效明显挂钩。只考核，不奖惩，这种考核没有效力，而考核结果一旦与各部门及其成员的绩效、晋升等利益指标相结合，就会产生强化效应。所以，风险管理委员会具备考核权，一方面，树立了风险管理委员会的权威；另一方面，则对风险管理起到了强化效应，对公司风险理念与风险文化的打造具有积极的推动作用。

第七章　现代公司经营战略与风险管理的策略探讨

现代科学技术迅猛发展，特别是现代信息技术成果迅速应用到公司中，世界经济形势正在发生着重大的变化，公司的经营和管理面临的内外部环境也发生了一系列革命性的变化。在市场经济条件下，公司的经营目的就是保持持久的竞争优势，以获取最大利润。本章分为公司经营战略和公司经营风险管理的策略两部分。本章主要内容包括发展型战略、稳定型战略、紧缩型战略、风险避免、风险排除、风险转移等方面。

第一节　公司经营战略

一、发展型战略

发展型战略是一种使公司在现有的战略基础水平上向更高一级的目标发展的战略。该战略以发展为导向，引导公司不断地开发新的产品，开拓新的市场，采用新的生产方式和管理方式，以便扩大公司的产销规模，提高公司的竞争地位，增强公司的竞争实力。正确地运用发展型战略，能够使一个公司由小到大、由弱到强，获得不断的成长和发展。

（一）密集型战略

密集型战略是指公司在原有的生产范围内充分利用其在产品和市场方面的潜力来求得成长的战略，主要有市场渗透战略、市场开发战略和产品开发战略三种形式。

1. 市场渗透战略

市场渗透战略是指公司在利用现有产品和市场的基础上，通过改善产品和服务等经营手段、方法，逐步扩大销售，以占领更大的市场份额。这种战略的核心是提高原有产品的市场占有率。

市场渗透战略一般可以通过两种途径来实现：一是地理上的渗透，如大润发超市在吉林市相继开了三家连锁店采用的便是这种渗透，其战略目标是将大润发超市的密度达到每 500 米一家；二是营销上的渗透，哈药集团的广告轰炸便属于这种战略。据统计，只要打开电视，5 分钟之内，准有哈药六厂的产品广告。市场渗透的基本战略理论是，现有产品在现有市场上还有足够的增长潜力，通过渗透可以将这种潜力充分地挖掘出来。

市场渗透战略的目的是充分发挥公司的潜力，进一步拓展市场，提高公司的市场占有率，获得更多的利益。当公司面对以下几种情况时，可以考虑通过市场渗透战略获得更大的市场份额，从而增强公司的盈利能力。

①公司特定产品与服务在当前市场中还未达到饱和。

②现有用户对产品的使用率还可以显著提高。

③在整个产业的销售增长时主要竞争者的市场份额在下降。

④在历史上销售额与营销费用曾高度相关。

⑤规模的扩大可以带来很大的竞争优势。

2. 市场开发战略

市场开发战略指以现有产品或服务打入新的地区市场。在全球经济一体化和全球产业结构大调整的背景下，市场开发战略越来越被公司所注重。市场开发战略基于对新市场和自身实力的信心。

市场开发战略的实现主要有两种途径。一是进入新的细分市场。例如，美国强生公司的婴儿洗发精，原来只是用于婴儿，但随着美国婴儿出生率的下降，该公司决定将这一产品推向成年人市场，并开展了颇有声势的广告促销活动，结果在短时期内，该公司的婴儿洗发精成为整个洗发精市场的领先品牌。与之类似，杭州娃哈哈集团生产的口服营养液，最初是针对儿童市场的，后来通过中央电视台的广告，逐渐推广到老年人市场。二是为产品开发新的用途。杜邦公司是这方面的典型例子，该公司生产的尼龙最初是做降落伞的原料，后来又做妇女丝袜的原料，再之后又做男女衬衣的主要原料。每一种新用途都使该产品进入新的生命周期，从而延长了产品的寿命，为杜邦公司带来了源源不断的利润。

3. 产品开发战略

产品开发战略是通过开发新型产品或提供新型服务来拓展公司的业务。这种战略是不满足于现有产品经营状态的体现。海尔集团是一家不断追求技术领先、产品创新的公司。例如，海尔推出第一代鲜＋变频冰箱，率先突破传统保鲜技术限制，实现了冰箱保鲜业的革命性创新，将被动保鲜提升到主动增鲜。随后，海尔鲜＋变频冰箱不断融入更多创新科技，不断升级换代。海尔还联合中国标准化协会发布了全球首个保鲜冰箱标准，把保鲜性能划分为 A、B、C 三个等级，A 为最高级的保鲜标准。与此同时，海尔冰箱一举推出上百款 A 级保鲜冰箱新品，这些代表保鲜技术最高水平的产品使海尔在保鲜冰箱市场上大展身手，领跑市场。

（二）一体化战略

所谓一体化战略，即公司在现有业务的基础上或是进行横向扩展，实现规模的扩大，或是进行纵向的扩展，进入目前经营的供应阶段或使用阶段，实现在同一产品链上的延长，以促进公司进一步成长与发展。一体化战略大体分为纵向一体化和横向一体化两大类。

1. 纵向一体化战略

纵向一体化战略是在同一个行业内扩大公司的经营范围的战略。其内容包括把公司的业务范围向供给资源方向扩展或向最终产品的直接使用者方向扩展。纵向一体化战略按物质流动的方向又可划分为前向一体化战略和后向一体化战略。

（1）前向一体化战略

前向一体化战略指向产业链的下游延伸，获得分销商或零售商的所有权或加强对它们的控制。当今越来越多的制造厂商（供应商）正在通过建立网站向用户直销而实现前向一体化。例如，戴尔公司实行前向一体化战略，即在西尔斯这样的商店中建立店中店。在专卖店里，顾客可以在购买前现场试用戴尔计算机。在店中店或专卖店中都不拥有计算机库存，顾客可以通过电话或上网直接订购产品。这种排他性的订货方式一直是戴尔公司区别于其他计算机公司的特征之一。

公司一般在面临下列情况时可以考虑采用前向一体化战略。①公司现在利用的销售商或成本高昂或不可靠或不能满足公司的销售需要。②可利用的高质量销售商数量很有限，采取前向一体化战略的公司将获得竞争优势。③公司所参与竞争的产业明显快速增长或预计将快速增长。当公司的主营业务蹒跚不前时，前向一体化战略会减弱公司进行多元经营的能力。④公司具备销售自己产品所需要的资金和人力资源。⑤公司需要稳定的生产。公司通过前向一体化战略，可以更好地预见消费者对自己产品的需求。⑥现在利用的经销商或零售商有较高的利润。这意味着通过前向一体化战略，公司可以在销售自己的产品过程中获得高额利润，并可以为自己的产品制定更有竞争力的价格。

（2）后向一体化战略

后向一体化战略是指公司通过建立、并购或合资经营一个或若干个公司而进入其原材料生产行业。其目的是保证产品或劳务所需的全部或部分原材料的供应，加强对其所需原材料的质量控制，降低成本，提高保证原材料供应的程度，这是一种防御型战略。例如，中国第一汽车集团在建厂初期未将柴油机的生产列入发展规划，随着中型卡车加速柴油化，对柴油机的需求大幅度上升。对此，该集团通过收购大连柴油机有限公司和无锡柴油机厂，实施后向一体化，使柴油机的生产能力由年产 3.5 万台增加到年产 10 万台。中国第一汽车集团在实施中型卡车长头向平头转化的过程中，得知青岛汽车制造厂拥有从日本引进的平头驾驶室生产线，经与青岛市政府协商，用承债并购的方式将青岛汽车制造厂并入自己旗下。又如，上海光明乳业股份有限公司在内蒙古呼伦贝尔大草原和黑龙江省齐齐哈尔市富裕县建立奶源基地型合资企业；广东健力宝股份有限公司建立自己的易拉罐生产线等都是实施后向一体化战略成功的范例。

公司一般在下列情况下采用后向一体化战略：①公司现在的原材料供应者要价太高且供货不稳定，或者在质量方面不能满足生产的需要；②原材料供应厂家少，而同行业的竞争者很多；③公司所处的行业增长速度快，发展潜力大，如果不采用后向一体化战略会影响公司的发展；④公司的资金和人力资源丰富；⑤稳定原材料的供应和价格对公司十分重要；⑥公司希望迅速和长期拥有某种资源；⑦购入材料或半成品的运输成本太高；⑧直接生产自己所需的原材料可以节约大量税金。

（3）纵向一体化战略的优势

其优势主要体现在以下几个方面。

①设置进入壁垒。公司可以通过后向一体化战略控制关键投入要素的来源，或者通过前向一体化战略控制分销渠道，从而对潜在的竞争者设置进入壁垒。这种战略能有效限制行业内的竞争，使公司得以索要较高的价格，获得较多的利润。20 世纪 30 年代，美国铝业公司和加拿大铝业集团开创了铝冶炼行业。铝是从铝土矿中冶炼出来的，尽管铝土矿是很普通的矿物，但是由于其中铝的含量非常低，因此开采和冶炼都不容易达到规模经济。当时，只有位于加勒比海的牙买加岛上有一个大规模铝土矿矿床能够满足规模经济的要求。于是，上述两家公司采用后向一体化战略，兼并了这个地方的所有生产商，从而在该行

业中形成了极高的进入壁垒。潜在竞争对手因为得不到高质量的铝土矿而不敢进入该行业，其他的竞争对手则只能使用低质量的铝土矿，所以与这两家公司相比，在成本上处于不利地位。这种情况一直持续到 20 世纪 50 年代，直到澳大利亚和印度尼西亚也发现了高质量的铝土矿才有所改变。

②保证原材料、半成品的供应。后向一体化战略可以使公司对其生产现有产品所需的原材料、半成品的供应更加有保证，而且可以对其所需原材料、半成品供应的数量、质量、时间、成本等诸方面实行更有效的控制。宁夏美利纸业集团有限责任公司自 20 世纪 90 年代后期开始，为了增强市场竞争力，增强生产能力，保证原材料来源，减少原材料市场价格波动对公司的影响，立足西部，推行后向一体化战略，先在宁夏回族自治区内收购、自建制浆厂解决制浆问题；然后再在中卫、中宁两县种植速生林，建立林业基地；最后以制浆厂为纽带，在西部地区广植林场，彻底解决原材料问题。该公司现已实现自有造纸林基地 50 万亩，芦苇基地近百万亩，形成了以造纸为主，集制浆、造纸、造纸机械制造加工、建筑、安装、热电、化工、印刷包装、商贸、自营进出口、造纸林基地、旅游业为一体的集团化经营格局，成功进入中国造纸业十强。

③保证产品质量。纵向一体化战略可以保证公司产品的质量，使公司在其核心业务领域中实现差异化经营的目标。麦当劳公司在莫斯科开第一家连锁店的时候，由于当地的马铃薯和肉类产品质量较差，一开始的情况并不乐观。此后，麦当劳公司为了保证产品的质量，不得不采用后向一体化战略，在当地投资建立了农场、畜牧场、蔬菜区和食品处理工厂等，使莫斯科的连锁店能够提供与其他国家连锁店相同的食品和服务，最终打开了市场。

④提高公司经济效益。纵向一体化战略提高公司经济效益，主要表现在以下几个方面。第一，联合经营提高了经济效益。通过把生产的上下游工序放在一起可以降低成本。例如，把炼铁、炼钢、轧钢联合在一起，当铸铁炼好了以后，铁水温度尚未降低就紧接着炼钢，炼好钢水以后紧接着就轧钢，工序紧凑连接，加热费用大大节省，运输费用也大大减少。第二，加强了公司内部控制及协调。如果公司是纵向一体化的，则公司从供、产、销到人、财、物统一安排调度，提高了管理效率及运作经营效率，降低了成本。第三，加强了信息的搜集及处理，做到及时准确。采取纵向一体化战略经营后，联合体统一搜集及处理信息，要比过去每个公司单独、重复搜集信息节约了费用。有一个专门的信息部门进行信息搜集整理加工，使公司的每个部门都能得到及时准确的信息，为更科学的决策创造了条件。第四，节约了交易费用。纵向一体化公司可以节约谈判、营销、签订合同等交易费用，虽然公司在内部交易过程中也有许多问题要协商解决，

但其费用要低得多。第五，可以合理避税。跨国公司在全球实行纵向一体化战略，如果在某个国家要缴纳很高的所得税，该国公司可以通过高价购买国外零部件、低价向国外卖出产品的方法来转移利润，合理避税。

（4）纵向一体化战略的缺点

其缺点主要体现在以下几个方面。

①成本劣势。采用纵向一体化战略的目的之一，就是获得成本优势。但是，如果市场上存在低成本的供应商，而公司仍坚持自行生产投入要素的话，那么成本将不降反升。例如，在通用汽车公司中，自行供应的汽车组件比例达到 68%，相比之下，丰田汽车公司的同一比例仅为 28%。也就是说，通用汽车公司具有很高的纵向一体化程度，但也正是这一点，使它成为成本最高的汽车生产商之一。1992 年，通用汽车公司支付给下属供应部门员工的工资是每小时 34.6 美元，而其竞争对手通过市场采购，只需支付此价格的一半。这一例子说明，当公司内部供应部门的成本比外部供应商更高时，纵向一体化战略使公司处于不利的竞争地位。实际上，公司内部的供应部门总是可以把产品卖给本公司的其他部门，不存在争取订单的竞争，因此，削弱了其使生产成本最小化的动力。此外，公司内部供应部门的管理者还会试图以转移价格的形式，把各种形式的成本转嫁给公司的其他部门。

为降低成本，公司可以采用非完全纵向一体化战略，而不是完全纵向一体化战略，这个问题就可以得到缓解。原因是参与同外部供应商的竞争，能驱使内部供应部门致力于节约成本。

②技术变革。当技术变革迅速时，纵向一体化战略可能会给公司带来技术老化的风险。例如，20 世纪 50 年代，收音机生产商纷纷采用后向一体化战略，兼并了真空电子管的生产商。到了 20 世纪 60 年代，晶体管代替了真空电子管，成为收音机的主要元件，这时，原有的收音机生产商发现自己被绑在已经过时的经营业务之中。由于不愿意浪费对真空电子管的投资，这些公司仍坚持用真空电子管去生产收音机。相比之下，那些没有采用纵向一体化战略的竞争对手，却迅速转向采用新的晶体管技术，很快就在市场上取得了主导地位。

③生产能力的不平衡。采用纵向一体化战略的企业内部的上游单位与下游单位的生产能力必须保持平衡，否则会出现问题。纵向链中任一有剩余生产能力的环节（或有剩余需求量的环节）必须在市场上销售一部分产品（或购买一部分投入），否则就将牺牲其市场地位。然而，在企业纵向一体化战略条件下，这一步可能是困难的，因为纵向一体化战略常常迫使企业从它的竞争者处购买原料或向它的竞争者销售产品。由于担心得不到优先权，或者为了避免提升竞

争者的地位，它们可能不愿与竞争者做生意。

④需要较多的资金。公司实行纵向一体化战略后，自制零部件或自产原材料所需的生产资金、储备资金和材料资金要比外购这些零部件和原材料增加许多倍，如果公司财力不够雄厚就不可能采用纵向一体化战略。

⑤管理幅度加大。实行纵向一体化战略后，公司需要掌握多方面的技术，在供应、生产、销售、质量、服务等方面的要求都比以前要复杂得多。

2. 横向一体化战略

横向一体化也叫水平一体化，是指同业间的兼并（合并）。惠普公司与康柏电脑公司的合并是两个同一业务类型公司的合并，这种合并活动在商界越来越活跃。青岛啤酒集团耗资约 4 亿元收购了全国各地的 8 家啤酒厂，其中最为著名的收购有两起：一是斥资 1.5 亿元收购上海嘉士伯 75% 股权；二是以 2250 万美元的价格收购美国亚洲战略投资公司在北京亚洲双合盛五星啤酒有限公司上 62.46% 的股权和在三环集团股份有限公司上 54% 的股权。至此，青岛啤酒集团通过并购使自己的生产能力达到 180 万吨，约占全国啤酒市场的 8%，成为全国市场上的"啤老大"。世界最大的航空制造公司——美国波音公司兼并世界第三大航空制造公司——美国麦道飞机公司，深刻改变了世界航空工业的格局。齐鲁石化公司成功地兼并了淄博石油化工厂和淄博化纤总厂，形成"三碟连放"。

采用横向一体化战略的好处是，能够吞并或减少竞争对手；能够形成更大的竞争力量与竞争对手抗衡；能够取得规模经济效益；能够取得被吞并公司的技术及管理等方面的经验。例如，山东红日化工股份有限公司是我国最大的化肥生产企业之一，具有良好的销售网络和管理优势，但公司的生产成本一直居高不下，为每吨 130 美元，而国际市场上的平均价格只有 80 美元。

横向一体化战略的缺点主要表现在以下方面。①管理协调问题。收购一家公司往往涉及收购后母子公司管理上的协调问题。由于母子公司在历史背景、人员组成、业务风格、公司文化、管理体制等方面存在较大的差异，因此，母子公司的各方面协调工作非常困难，这是横向一体化战略的一大弊端。②政府法规限制。横向一体化战略容易造成产业内垄断的结构，因此，各国法律法规都对此做出了限制，如美国司法部反托拉斯司在确定一项公司合并是否合法时要考虑以下因素：这一合并是否导致过高的产业集中度；这一合并是否提高合并公司对其他公司的竞争优势；进入该产业的困难程度是否提高；产业内是否已经存在一种合并的倾向；被合并公司的经济实力；对该行业产品需求是否增长；这一合并是否有激发其他公司进行合并的危险。

（三）多元化战略

多元化战略自提出以来就备受争议，这种关于单一业务和多业务战略选择的争论一直持续着，并不断上演着"三十年河东，三十年河西"的故事。春都、巨人等盛极一时的公司因多元化战略而灰飞烟灭，而双汇、海尔、五粮液集团却因多元化战略而日益强大。

1. 多元化战略的概念

多元化战略也称多角化战略，是美国战略专家安索夫在其所著的《公司战略》一书中提出的三大基本战略之一。多元化战略是公司快速发展的基本战略，它能实现公司的快速扩张。20 世纪 70 年代，多元化战略曾风靡一时，各国公司争先采用。据统计，1970 年美国最大的 500 家工业公司中有 94% 的公司从事多元化经营。同一时期，日本经济企划厅做的调查表明，日本制造业中有 74.7% 的公司，商业、服务业中有 58.7% 的公司实行多元化经营。英国最大的 100 家公司中，从事单一部门生产的公司仅占 1%；在德、法、意三国，这一比例分别为 22%、16%、10%。全世界最大的 50 家石油公司中，有 46 家实行多元化战略。很多公司甚至以自己是多元化经营的公司集团而感到自豪。例如，三星公司目前在很多领域中居于世界市场份额的领先地位。我国许多大中型公司，甚至相当一批中小公司也采用多元化战略。

关于多元化战略的定义目前尚无统一的、规范化的说法，由于观察和理解角度的不同，目前大致有两种看法：一种看法认为，多元化战略是指一个公司同时在两个或两个以上行业中进行经营，如机械、电子、化工等；另一种看法认为，多元化战略是指公司同时生产或提供两种或两种以上的产品或服务，这种定义方法比较形象，但是其含义并未界定清楚。

2. 多元化战略的类型

多元化战略主要有三种类型，即集中多元化、横向多元化和混合多元化。

（1）集中多元化

集中多元化指公司进入一个与原有业务在技术、市场上都相关的新业务领域，这一战略充分发挥现有业务在技术、市场上的协同作用。以生产照相器材闻名的日本佳能公司利用其在光学镜片、成像技术与微处理器控制技术方面的优势，成功地进入了复印机、打印机、扫描仪和传真机等 20 多个领域，成为世界上成功的多元化大公司之一。

（2）横向多元化

横向多元化指公司进入市场相关但技术不相关的业务领域，即公司向现有客户提供新的、与原有业务不相关的产品或服务。例如，海尔集团以前的主营业务是冰箱生产，后来随着公司的发展壮大，逐步向彩电、洗衣机、空调等相关的电器产业发展，采用了横向多元化战略。由于海尔冰箱在消费者的心目中是质量过硬、品牌信誉极佳的产品，故而这种优势也同样延伸到了海尔其他电器的生产及销售上。又如，在美国有越来越多的医院在医院内设立银行、书店、咖啡厅、餐馆、药店以及其他零售商店，进而在医院内形成一个迷你购物中心，这也是采用了横向多元化战略。通过建立购物中心可以使患者感到更为愉悦。

（3）混合多元化

混合多元化指公司增加与原有业务完全不相关的产品或服务。这种战略主要基于对现有业务增长极限的应对、分散业务风险、吸收公司富余资金三个方面的考虑。20世纪90年代初，红塔集团开始涉足多元化产业投资，大力发展非烟产业，现已形成五大产业支柱，即能源交通公司群、烟草配套公司群、建材木业公司群、金融证券公司群、酒店房地产公司群。混合多元化发展实现了红塔集团跨地区、跨行业、跨国、跨所有制的经营理念。中粮集团也是典型的混合多元化公司，中粮集团是中国最大的粮油食品进出口公司和实力雄厚的食品生产商，主要经营领域是粮食加工，其在此基础上开始了集团从经贸流通领域向实业化发展的过程。现在集团的全部实业项目划分为粮油食品贸易及物流、农副食品加工业、食品制造业、生物化工业、酒与饮料制造业、房地产业、酒店与旅游业、零售业、金融业、包装业十个系列。

3. 多元化战略的优势

（1）实现范围经济

当公司中两个或者两个以上的经营业务部门共享生产设备、分销渠道、广告、研究开发等资源时，就产生了范围经济。每一个共享资源的业务部门，都可以用较少的投资去实现共享。例如，通用电气公司用于家用电器的广告、销售和服务的支出费用很低，原因是这些成本可以分摊到其他的相关产品上面。此外，这种战略可以使一些业务部门更好地发挥其潜力。例如，当元件工厂为多个不同的组装部门生产元件时，它的生产能力就得到了更好的利用。因此，除了范围经济外，该工厂还获得了规模经济的好处。也就是说，建立在范围经济基础之上的多元化战略，能够支持公司下属业务部门的成本领先战略。

（2）分散经营风险

通过减少公司利润的波动来达到分散风险的目的。因此，应当力争做到使公司风险最小、收益最大的产品组合，公司应选择在价格波动上是负相关的产品组合，这将有利于分散风险，而高度相关的产品组合不利于分散风险。这种高度相关包括：所有产品的生命周期都处于同一阶段，所有产品都是风险产品或滞销产品，所有产品都存在对某一种资源的严重依赖等。此外，公司多元化战略的实施，也可以分散员工的就业风险，可使在某一领域内多余的员工转移到其他业务领域去工作，而不至于失业。

（3）增强公司竞争力

多元化企业凭借其在经营规模及不同业务领域的优势，通过其他业务领域的收益来支持某一业务领域的竞争，实现调动全公司资源专攻一点的效果，从而大大增强公司的竞争力。

4. 多元化战略的缺点

（1）分散公司资源

任何一个公司哪怕是巨型公司，其所拥有的资源总是有限的。多元化发展一定会导致公司将有限的资源分散于每一个正在发展的业务领域，从而使每个领域都难以得到充足的资源支持，有时甚至无法维持其在某一领域中的最低投资规模要求和最低维持要求，结果与在相应的专业化经营的竞争对手竞争中失去优势。从这个意义上来看，多元化战略不仅无法规避风险，还可能增加公司失败的风险。

（2）加大管理难度

在进行多元化经营时，公司不可避免地要面对多种多样的产品和各种各样的市场，这些产品在生产工艺、技术开发、营销手段上可能不尽相同，在开发、渗透、进入等方面，这些市场也可能有明显的区别。公司的管理、营销、生产人员必须重新熟悉新的业务领域和新的业务知识。另外，由于公司采用多元化战略，公司的规模逐渐扩大，机构逐渐增多，可能会打破公司内部原有的分工、协作、职责、利益平衡机制，极大地增加管理、协调的难度，在资源重新配置和保证公司竞争优势方面会遇到较大的挑战。

（3）提高运作费用

公司由专业化经营转向多元化经营，涉及众多陌生的业务领域，必将使公司的运作费用上升。这主要表现在两个方面。一是多元化发展的学习费用较高。公司从一个熟悉的业务领域转到另一个陌生的业务领域，重新成立一个公司到公司产出效益，这需要一个学习过程。在这个过程中由于不熟悉而导致的低效率，由陌生到熟悉的机会损失都构成较高的学习费用。二是顾客认识公司新领域的成本增加。当公司新的领域有了产品时需要消费者去认识，虽然此时可借用原有领域的品牌，但要在新领域中改变消费者原来的认识态度，需要公司加大投入，反过来又使已分散的资源更加难以应付此种局面。

（4）加剧人才缺口

公司竞争归根结底是人才的竞争，公司成功归根结底要依赖于优秀的人才。然而，每个人都只有自己的专长，专业对口是人才发挥作用的基础。所以公司在进行多元化发展时，必须有多元化领域内相应的经营管理和技术等方面专业人才的支撑，多元化发展才能成功；反之，则可能失败。从理论上说，社会上是存在公司多元化发展所需的人才的，问题是这些人才原先已在其他公司之中。引进人才固然可以，但费用却很高，往往超出公司的承受能力，从而加剧了公司人才短缺的状况。

二、稳定型战略

（一）稳定型战略的类型

根据战略目的和资源分配方式，稳定型战略又可进一步细分，美国一些管理学家将其分为以下四种类型。

1. 不变战略

不变战略是公司不用制定新的战略，也不需要进行战略调整，而是维持原有战略的一种形式。采用不变战略的公司可能基于以下两个原因：一是公司内外环境没有发生重大变化，基本稳定，并且高层领导者认为公司过去的经营相当成功，因此，没有必要调整战略；二是公司在经营过程中不存在什么重大的问题或隐患，如果此时调整战略反而会损害公司利益，公司效益反而有可能下降，因此，公司的高层领导不愿意对战略做出重大调整。

2. 近利战略

采用近利战略的公司以追求急功近利为目标，甚至不惜牺牲公司未来长远利益来维持目前的利润水平，追求短期效益而忽略公司的长期发展。例如，公司减少研发经费开支，停止设备维修，减少广告费等支出，尽量提高公司当前短期利润水平。新上任的公司领导人尽管还没有采取什么战略措施，但到了年底却要公司财务主管把账上的利润做得很高，以显示新上任的领导人就是比前任公司领导人能力强。如果公司长期采用这种战略，将使公司丧失发展后劲，公司不可能得到持续发展。采用近利战略的另一种情况是公司中属于"金牛"型的产品或业务已没有发展前途，公司取走其产出的利润用于发展新产品，开拓新市场，而不再增加对没有前途的产品和业务的投入，以保证公司长期稳定的发展。近利战略有利于帮助公司渡过暂时的困难时期，但这个困难时期不能过长，否则，公司将面临失败或倒闭的危险。

3. 暂停战略

暂停战略通常被认为公司内部休整的临时战略。公司经过一段时间的快速发展后，可能会在某些方面显得力量不足或资源紧张，或管理跟不上公司外界环境的变化。这时就可采取暂停战略，即在一段较短时间内放慢公司的发展速度，临时性地降低对增长目标的要求，腾出精力加强公司的内部管理，以缓解资源供应紧张的状况。暂停战略可以达到积蓄公司能量的目的，为今后发展做好各方面的准备。

4. 谨慎前进战略

采用这种战略主要是由于公司的外部环境中某些重要因素发生了显著变化，而公司很难预测环境变化的未来发展趋势。例如，我国在加入世界贸易组织前，许多家电行业担心加入世界贸易组织后会给公司带来沉重的打击，其中一些大型公司可以通过扩大生产规模、提高产品质量等措施来减少这种威胁，但对于一些中小型公司则需要采取谨慎前进战略，因为它们要在摸清外部环境发展变化趋势之后，才能做出是否继续追加投资或转产的战略决策。

（二）公司采用稳定型战略的原因

公司采用稳定型战略的原因主要有以下几点。

①公司高层领导者对过去的经营业绩感到满意，希望保持和追求与过去大体相同的业绩和目标，希望在市场占有率、产销规模、总体利润等方面保持现状或略有增加，从而稳定和巩固公司现有的竞争地位。

②采用稳定型战略风险比较低，由于公司经营者对新产品或新市场缺乏足够的认识和必要的准备，而开发新市场和新产品风险较大，经营者认为不一定值得冒风险。特别是有的大公司安于现状、不求进取，进而不肯轻易改变战略。

③根据公司内部实力状况，决定采用稳定型战略。例如，当公司由于资金不足、研发力量薄弱、公司素质及管理落后等原因无法采取发展型战略时，公司只能采用稳定型战略，使公司有限的资源集中投入自己最有优势的环节上。

另外，公司在经过一段快速成长之后，为了解决由于成长过快而产生的效率变低、管理不善等问题，巩固已取得的成果，并获得喘息的机会，也愿意采用稳定型战略。

④公司过高的市场占有率，会导致竞争对手的进入和攻击。为了不引起竞争对手的注意，或避免政府的干预，一些公司也在一定期间内主动采取稳定型战略。

⑤已经形成寡头垄断行业内的竞争格局，一般要采用稳定型战略。某个行业内被少数几家厂商所垄断，控制了这一行业的供给，这就是寡头垄断行业。在国民经济中，寡头垄断行业占有十分重要的地位。例如，在美国，钢铁、汽车、炼铝、石油、飞机制造、香烟等重要行业都是寡头垄断行业，这些行业中大都是几家公司的产量占全行业产量的70%以上，在日本、欧洲等发达国家和地区也存在同样的现象。这种寡头垄断行业最重要的特征是规模经济效应十分显著，而其市场结构的重要特征是几家寡头公司之间相互依存性很大，即每家厂商在制定价格与做出产量决策时，不仅要考虑其本身的成本和收益，还要考虑这一决策对行业市场的影响，以及其他厂商可能做出的反应。这种行业进入壁垒非常高，行业竞争格局比较稳定，竞争对手之间很难有较大的业绩改变。因此，这种行业的公司有可能采用稳定型战略，以期保持稳定的收益。

（三）稳定型战略的优缺点

稳定型战略有其明显的优点。第一，公司的经营风险相对较小。由于公司基本维持原有的产品和市场领域，从而可以利用原有的生产领域、渠道，避免开发新产品核心市场的巨大资金投入以及激烈的竞争抗衡和开发失败的巨大风险。第二，能避免因改变战略而改变资源分配的问题。由于经营领域与过去大致相同，因而稳定战略不必考虑原有资源的增量或存量的调整，相对于其他战略态势来说，显然要容易得多。第三，能避免因发展过快而导致的弊端。在行业迅速发展的时期，许多公司无法看到潜伏的危机而盲目发展，结果造成资源的巨大浪费。第四，能给公司一个较好的休整期，使公司积聚更多的能量，以便为今后的发展做好准备。从这个意义上说，适时的稳定型战略将是发展型战略的一个必要的准备阶段。

但是稳定型战略也有不少缺陷。一是稳定型战略的执行是以市场需求、竞争格局等内外部条件基本稳定为前提的。一旦公司的这一判断没有得到验证，就会打破战略目标、外部环境、公司实力之间的平衡，使公司陷入困境。因此，如果环境预测有问题的话，稳定型战略也会有问题。二是特定细分市场的稳定型战略也会有较大的风险。由于公司的资源不够，公司会在部分市场上采用竞争战略，这样做实际上是将资源重点配置在这几个细分市场上，如果不能准确把握这几个细分市场，公司可能会更加被动。三是稳定型战略也会使公司的风险意识减弱，甚至形成害怕风险、回避风险的公司文化，这样就会大大降低公司对风险的敏感性、适应性，减少其敢冒风险的勇气，从而增加了以上风险的危害性和严重性。

稳定型战略的优点和缺点都是相对的，公司在具体执行过程中必须权衡利弊，准确估计风险和收益，并采取合适的风险防范措施。只有这样，才能保证公司充分发挥稳定型战略的优点。

三、紧缩型战略

所谓紧缩型战略，即公司从目前的战略经营领域收缩或撤退，是偏离原战略起点较大的一种战略，是相对比较消极的战略。一般而言，公司实行紧缩型战略是短期的，其根本目的是从某一经营领域撤出后，再进入其他对公司发展更为有利的领域中去，是以退为进的战略。从公司经营风险的角度来讲，紧缩型战略是公司从风险较大、有可能使公司遭受更大损失的经营领域中退出来，是公司躲避风险的战略。从公司发展的角度来讲，可能因外部环境恶化迫使公司采取紧缩型战略，是保持公司生存状态，并被迫向后撤退的战略。

（一）紧缩型战略的类型

1. 转向战略

转向是指改变原来的经营方向。转向战略是当公司现有的经营领域趋向衰退，公司市场占有率降低，或者公司寻找到了新的发展领域和机会时，收缩原有经营领域的经营活动，转移到新的经营领域中所采取的一种战略。转向战略的具体内容包括出售土地和建筑物以换取现金、压缩产品系列、停止几乎不赚钱的业务、关闭废弃的工厂、推行工艺自动化、削减人员及建立支出控制系统。

2. 放弃战略

这是在公司采取转向战略无效时而采取的紧缩战略。放弃是指将公司的一个主要部门转让、出卖或者使其停止经营。这个部门可以是一个经营单位，也可以是一条生产线。放弃战略的目的是甩掉经营包袱、收回资金、集中资源，增强其他部门的经营实力，或者利用腾出的资源发展新的事业领域，或者用来改善公司的经营状况，伺机抓住更大的发展机会。

3. 清算战略

清算战略是指公司由于无力清偿债务，通过出售或转让公司的全部资产，以偿还债务或停止全部经营业务而结束公司的经营活动。清算分自动清算和强制清算，前者一般由股东决定，后者须由法庭决定。清算等于承认失败，因而是一种在感情上难以接受的战略，是所有战略选择中最为痛苦的决策。对于单一经营的公司而言，它意味着结束了公司组织的存在；对于多元化经营的公司而言，它意味着一定数量的工厂关闭和员工解雇。通常情况下，这是所有战略全部失灵时采用的一个战略，当公司资产不足以清偿债务时，则只有宣告破产。在公司毫无希望再恢复经营时，早期清理比被迫破产更有利于股东的利益。否则，一味地在该领域内继续维持，只能耗尽公司的资源，而不会有任何好处。

（二）公司采用紧缩型战略的原因

①国际或国内宏观经济衰退，银根收紧，或宏观经济存在潜在的危机，公司的制造成本和销售成本均面临日益加大的通货膨胀压力，公司的处境艰难，因此，不得不采用紧缩型战略。

②公司产品处于衰退期，市场竞争过度，产品不盈利，甚至产生亏损，公司又没有新产品上市，公司被迫采用紧缩型战略。

③公司重大投资失败，在战略决策上有重大失误，财务上遇到严重困难，使公司处于危难之中，因此不得不采用紧缩型战略。

④公司为谋求更大的发展，主动调整战略。公司主动从某些经营领域撤出，将有限的资源投入更有市场前景、收益更高的业务领域，这时公司就要在某些经营领域采用紧缩型战略。

（三）紧缩型战略的优缺点

1. 紧缩型战略的优点

①采用紧缩型战略，可以帮助公司在外部环境恶劣的情况下，节约开支和费用，以顺利渡过难关。

②采用紧缩型战略，能在公司经营不善的情况下最大限度地减少损失。在许多情况下，采取紧缩型战略可以避免公司由于盲目而且顽固地坚持衰退的事业给其带来的沉重打击。

③采用转向、放弃战略，使公司有可能更加有效地组合配置资源，提高经营水平，发挥和增强公司的优势和实力，在不断适应市场需要的同时，使自身取得新的发展机会。

④从宏观角度来看，有些公司因经营不善或其他原因而破产是好事而不是坏事，这有利于产业组织结构及产品结构的调整，提高了资产流动性，提高了资产的利用效率。

2. 紧缩型战略的缺点

①采用紧缩型战略，公司即陷入消极经营的状态，员工士气低落，这种状态的本身就威胁到公司的生存，更加大了公司经营的困难。

②对于要采取放弃和分离战略的公司来说，公司经营者在做出放弃或分离决策时，方法措施要得当，要及时且果断。若其在决策时犹豫不决、优柔寡断，该放弃和分离的经营单位不能及时地放弃和分离，则可能会把整个公司拖垮，导致整个公司的倒闭或破产。

第二节　公司经营风险管理的策略

一、风险避免

（一）风险避免的含义

公司经营风险管理的"三原则"要求经营者从经济效益出发，客观、谨慎地对待风险。公司在经营中应该设法回避某种风险损失，不要去承担不必要承担和不能承担的风险损失。公司回避的风险指的是在风险调查预测基础上，已经确认的某种风险，不是指公司回避其面临的所有风险。回避所有的风险在理论上说不通，在实践中不可能。某种风险被认为不会给公司带来威胁和损害，就不存在是否采取措施去避免，不认为是风险，也就不必去避免。另外，风险避免主要是回避风险损失，在主观愿望上，并不去回避风险利益。

（二）风险避免的方式

1. 风险拒绝策略

这是完全拒绝承担某种特定风险。当风险约束力大于诱惑力，或只有约束力而无诱惑力时，公司为了避免不必要的风险损失，或无力承担风险损失，使公司经营具有某种安全性，会采取完全拒绝承担某种风险的态度和行为，做出"无风险"的选择，如公司不生产、不销售有害产品。这种完全拒绝承担某种特定风险的"无风险"选择，有两种情况。一种是积极的、明智的完全回避。在风险威胁大，一旦出现风险损失事故，公司会遭受重大经济损失或倒闭、破产，无任何退路时，经营者知己知彼，审时度势，被迫以退为进。另一种是消极保守的完全回避。若经营者与风险利益不挂钩，冒险成功得不到风险利益，冒险失败会招致各方面的损失，不如做出"无风险"选择，稳扎稳打，明哲保身。或者经营者是一个远离风险者，也往往会回避风险，不愿做任何冒险尝试。

2. 风险中止策略

这是中止承担某种风险。这种风险避免策略，与完全拒绝承担某种特定风险在时间上有差别。中止承担某种风险，不是一开始就完全拒绝，而是在中途停止。中止承担某种风险往往是对某种风险的性质、损害程度认定得不准确，偏差太大，或者是风险障碍的发展变化，使风险损失与风险利益交换了位置。如在某一新地区开展新业务，由于发生新的不利情况，而停止在该新地区开展新业务。中止承担某种风险，有的是根据风险发展变化，审时度势，积极主动的中止，也有的是畏惧风险，消极被动的中止。

3. 避强就弱策略

这是避开强风险，选择弱风险。同一性质的风险，风险实现的概率有大有小，风险损害的程度有轻有重，风险损失强度有大有小。有的学者按照风险损害发生的概率和强度把风险划分为四个等级：损害发生率高、强度大的为 A 级，发生率低、强度大的为 B 级，发生率高、强度小的为 C 级，发生率低、强度小的为 D 级。A 级风险应回避，B 级风险可保险，C 级风险要预防，D 级风险可自留。A、B、C、D 四种类型的风险，A 为强风险，D 为弱风险，B 为较强风险，C 为较弱风险。避强就弱，可以回避较大的风险威胁和风险损失，减少风险成本的投入，又可以追求一定的风险利益。这种策略注重实际，灵活进取。例如，公司准备发展两种新产品，一种要运用高精技术，一种可用特种技术，都面临着技术风险，但高精技术难度大、费用高，属 A 级风险；特种技术难度低、费用少，属 D 级风险，公司则可以避强就弱。

避强就弱策略不仅适用于相同性质的风险避免，也适用于不同性质的风险避免。公司在回避风险时，可以回避约束力大、诱惑力小的风险，选择约束力小、诱惑力大的不回避性质的风险。这样做可以使公司在风险经营中扬长避短，充分利用有利的经营环境，回避不利的经营环境，争取较大的风险利益，遭受较小的风险损失。对不同性质风险的避强就弱有两种情况：一是纵向的风险回避，如回避销售风险选择生产风险；二是横向的风险回避，如回避政治风险，选择经济风险。

（三）风险避免要考虑的因素

1. 有无必要避免风险

公司采取风险避免的方式对付风险，首先要考虑是否有必要避免。如果某种风险只有损失而无利益可得，如生产销售的产品长时间亏损；虽然有利益，甚至利益很大，若一旦出现不利事故，公司无力承担，会遭倒闭、破产；风险利益和风险损失相比，损失大于利益；运用其他风险处理手段的成本，超过产生的效益等。在上述几种情况下采用风险避免策略，可使公司免遭风险损失。

2. 不能避免风险

有的风险可以避免，有的风险不能避免，如世界性的经济萧条、衰退，许多公司都难逃经济风险带来的损失，有的公司甚至倒闭、破产。又如，人的病、老、死的人身风险也是难以避免的。不能避免的风险应采用其他风险管理技术进行处理。

3. 避免风险经济上是否适当

通常来讲，公司在避免风险损失时，会使公司丧失从风险中可以取得的利益。因此，在某种风险可以避免时，应分析与评估风险避免的经济性，当风险成本、风险损失低于风险利益时，不应采取风险避免措施。

4. 避免一种风险是否会产生新的风险

公司在避开某种风险时往往会产生另一种新的风险，如公司某货品以铁路运输代替航空运输，虽然避开了空运风险，但可能遇上铁路运输风险。应预测、认定可能产生的新风险，比较、分析避开的风险和新产生的风险。最理想的是，避免某种风险时不产生新的同类风险，即使是产生新的同类风险，损失应比避开的风险小，利益比避开的风险大。

有一种看法认为，"风险避免往往放弃有利条件和利益"，所以"它是非常消极的风险处理手段"。风险避免的含义、方式、考虑因素告诉我们，风险避免并不是消极的风险处理手段。如果明知公司承担不了风险损失，却硬着头皮去与风险对抗，这不是明智、积极的对付风险，而是盲目的冒险。往往理智回避，积蓄力量，等待机会，才不失为企业家的"大将风度"。

二、风险排除

（一）风险排除的含义

所谓风险排除是指公司采取有关措施，防止风险的发生或减小风险损失的幅度和强度。风险排除与风险避免有区别。首先，风险排除是主动采取措施防止风险损失的发生，风险避免是回避风险。其次，风险排除是在发生风险损失时设法减小风险损失的幅度和强度，以争取风险利益，风险避免则是中止风险。最后，风险排除一般要投入一定的风险成本，风险避免不一定要支付风险费用。

风险排除的方法按措施的性质有工程物理法和员工行为法。工程物理法是以物质措施来防止风险损失的发生和减少风险损失；员工行为法是通过思想教育、行为规范来防止、减少风险损失。按措施执行的时间可分为损前排除、损时排除、损后排除。损前排除是在风险损失事故发生之前采取具体措施防范风险损失的发生。损时排除是在风险障碍正在形成，即将或开始发生损失时，采取措施消除或减少风险损失，如采取各种组织、技术措施，阻止产品质量下降的趋势，以排除产品质量风险。损后排除是风险损失事故已经发生，采取有效措施控制风险损失的幅度和强度，以免风险损失扩散，达到减少风险损失的目的。

（二）风险排除的策略方法

1. 风险适应

这是公司尽可能根据风险环境（特别是外部风险环境）及其发展变化的趋势来确定公司的经营行为并不断提高公司素质，增强公司的随机应变能力，巧妙地与风险周旋，以消除风险威胁。公司外部的风险环境、风险障碍与公司内部的风险障碍相比，是不可控因素，公司只能通过正确的经营行为，不断提高公司的素质去适应，从而消除风险威胁。例如，根据风险环境的变化和公司素质的提高不断调整公司的经营目标、服务方向，以免除公司的全部风险损失；根据消费者的需求不断调整产品的功能，以消除产品"功能不足"和"功能剩余"带来的的销售风险和技术风险损失等。此外，公司还可以在组织机构、决策、管理体制、对外投资等方面做出灵活、机动的改变，实现整体优化的经营管理形式，以适应风险环境变化的要求，从而消除风险障碍对公司经营的威胁，免受或减少风险损失，获得一定的风险利益。

风险适应要求公司不断调查和研究风险环境，预测各种风险，经营者要有风险战略眼光，有企业家的胆识和经营技巧。如果墨守成规，不做适应性改变，就难逃风险损失的厄运。

2. 风险预防

这是采用具体措施消除或减少风险障碍，以避免风险损失的发生或降低损失发生的频率。消除和减少风险障碍的途径主要有：①防止风险障碍的产生，如在机器上安装安全装置；②减少已存在的风险障碍，如加强油料的防火管理；③隔离存在的风险因素，如将易燃易爆物资分开保管；④改善风险因素的空间分布，如将不同生命周期的产品在相应的市场销售；⑤增强风险单位的防护能力，如添置灭火器等。

风险预防与风险适应的运用范围略有不同，风险适应主要用于应对公司的外部风险、投机风险，风险预防多用于应对公司的内部风险、纯粹风险。

3. 风险抵消

这是运用一定的方法平衡或中和风险损失和风险利益，从而达到消除风险损失的目的。这种方法多用于排除利息风险和商业价格风险。为了排除某商品市场价格变动的风险，经营商品现货的公司，在商品交易所购进现货的同时，可卖掉期货，或在将来出售现货的同时，买进期货。这种套头交易的方法，将现货交易和期货交易的盈亏彼此抵销，可以维持公司安全、正常的经营活动。

4. 风险救护

这是在风险损失发生时和发生后，采取措施减小风险损失强度，改变风险损失性质和方向，缩小风险损失范围和截断风险损失的连锁反应，以减少风险损失。如厂房失火，立即截断火源，扑灭火势。又如，在市场疲软的情况下，公司面临巨大的产品销售风险威胁，采取开辟新的销售渠道，改变销售人员的销售方式和奖励方式，对中间商、零售商实行让价、折扣，对消费者实行有奖销售、分期付款等方式以减少或消除销售风险。

（三）风险排除的分析技术

公司要排除风险，必须系统分析风险。通过分析充分认识风险因素和风险损失，以便采取相应措施加以排除。系统分析的内容和方法如下。

1. 公司经营风险的总体分析

公司经营风险的总体分析是根据公司的经营目标，从人员、物资配备、管理程序、与外部环境的关系等方面，对构成公司风险的因素及事故进行损失分析。分析的内容有风险因素及风险事故、风险发生的地点及范围、风险发生的时间、风险损失的幅度、风险估计的可信程度、风险损失的频率估计、风险排除的对策。

2. 特定风险事故的原因分析

特定风险事故原因分析是主要风险事故的风险因素分析，寻找形成特定风险事故所有的原因，并从中找出主要原因，以便对主要原因采取防范措施。抓住了主要风险，认清了主要原因，风险就可能得以避免。

3. 风险排除的成本效益分析

风险排除的成本一般包括设置费、人员训练费及薪金、管理费用。公司采用什么具体的风险排除措施，应比较某一风险排除措施的成本和所得效益，还应比较各种风险排除措施的成本，择优选用。

三、风险转移

（一）风险转移的意义

公司的风险转移是指将不能回避、排除的风险，采取措施分散风险，或转让给别人。风险转移将大风险分散为小风险，整体风险分散为局部风险，或将风险损失的法律责任及财务负担转让给除公司和保险公司以外的第三者。风险转移的方式有风险分割、风险转嫁、风险保证、风险共担等。

风险转移与风险避免有所不同，风险转移是将风险分散或转让给第三者，风险避免是中止或回避风险。风险排除和风险转移也不同，风险排除是直接消除和减小风险产生的损失频率和幅度，风险转移通过分散和转让风险，间接地达到减小损失频率和幅度的目的。保险与风险转移有明显区别，保险也是一种风险转移，但非保险的风险转移不由保险公司经营。

风险转移的优点是，可以将某些不能保险的风险转移出去，有时比直接排除风险更有利，比保险的成本低。这种方法的缺点是，如果公司向别人转移风险损失，同时要转移风险利益。因此，这种应对风险的方法运用要具备某些条件。首先，风险转移的成本比其他方法少，转移的风险对公司和承担者有诱惑力；其次，风险承担者有承担风险损失的能力，并愿意承担适当的风险损失。

（二）风险转让

事实上，风险转让是公司以契约方式将风险转嫁给别人，消除或减少自身的风险威胁和风险损失。具体有以下几种形式。

1. 风险出售

公司以买卖契约的形式把公司的某一风险单位（如某一地段的分店、分厂）出售，将风险转让给购买者。这种风险转让，由于公司出售了风险单位的所有权，因而将风险单位的风险全部转让给了购买者，今后该风险单位的风险损失或风险利益与原公司无关。

2. 风险承包

这是公司向合同当事人部分和全部地转嫁风险。这种方式是公司（发包人）向承包人委托生产、销售、技术开发、人员培训、项目管理等，在正式开工前双方签订承（发）包合同，内容包括承（发）包内容、时间、价格、要求、责任、结算方式、赔偿等条款。承包合同按承包方式分为总包合同、分包合同。如公司与某科研单位签订某新产品的开发合同，合同中可以规定，若新产品投入市场不能打开销路，新产品的研究费用由科研单位负责，这样公司可以向科研单位转嫁技术开发风险。又如，公司承接了一批产品任务，时间急、要求高，为了保证产品按质按量按期完成，可以将其中部分转包给其他公司，签订转包合同，在合同中签订有关损失赔偿责任条款，将部分风险分散、转让给其他公司。

3. 风险免责

这是公司以免责协定这种契约，使风险的承受者按照免责协定中的有关规定，免除公司（转让者）对承受者所受损失的责任。如公司同租赁公司租用某新技术设备，在租赁契约中可以规定租赁公司对该设备的维修、保养、损坏负责，公司向租赁公司转让了设备损失风险。

4. 风险保证

这是公司按照契约规定向保证人交付基金，在规定的范围内出现的风险损失，由保证人负责赔偿。如公司按照污染负荷数量向环保部门交付环境保护费用，在规定的范围内，公司免除损害责任。这种保证有类似保险的效果，但与保险不同。保险的当事人只有两个，即保险人和投保人；保证的当事人有三个，即保证人、被保证人（公司）、权利人（受损者）。保险是填补被保险人的风险损失，保证是保证人向权利人赔偿损失。

（三）风险分散

风险转让改变了风险损失的承受主体，即由公司承受风险损失转变为由其他人承受风险损失。风险分散则是从地点、时间、数量上将集中的风险分散开，或将风险损失的承受主体由公司单一的承受变为由多个主体共同承受，从而达到降低风险的目的。

风险分散有契约型和非契约型两种。契约型主要用于多个主体承受风险威胁和损失，非契约型主要用于从地点、时间、数量上将集中的风险分散。风险分散在方法上有风险分割和风险共担两种。

风险分割可以将公司的总体风险分散到各个局部，如在公司内部建立多个责任中心、利润中心，设立分厂、子公司，实行集中决策、分散经营、分散管理，强化各局部的风险经营机制和风险管理职能，将公司的总体风险分散给公司各部门、分厂、子公司去承担，即使一个分厂、子公司经营失败也不会导致整个公司倒闭。公司还可以将集中的大的风险暴露单位分成若干个较小的风险暴露单位。如变单一经营为多种经营、多角经营；变单一的供销渠道和供销方式为多渠道、多方式；把一批价值高的货物做一次运送，改为多批、多次运送等，这样有利于降低风险发生的频率和减少风险损失。

风险共担是风险威胁和损失由多个主体共同承担。这种应对风险的方法又称为结合方法，如合资经营、合作经营、公司化等。公司化是由公司组织发行股票，将公司经营风险分散、转移给各个股东承担。

四、风险自担

（一）风险自担的含义

风险自担是指公司自己承担风险造成的损失。风险自担与其他应对风险的措施相比，最大的不同点是，它不改变风险损失发生的频率和幅度。

风险自担可分为被动的、无意识、无计划的承担和主动的、有意识、有计划的承担。无计划的风险自担是公司没有觉察到面临的某种风险，或觉察到了，没有做出应对风险的决策，而将风险承担下来。有计划的风险自担是对某种风险进行了科学的调查、预测、认定，并做出了相应的应对该风险的自担措施。有计划的风险自担是预留风险自担准备金和各种专用基金，当发生特定风险，造成损失时，用来进行补偿。公司风险自担的具体措施主要有自我保险和联合自保两种形式。

公司采用风险自担措施应对风险时，要考虑这种办法的适用情况。一般来说，风险自担适用于以下情况。第一，其他风险管理措施无法有效管理某种风险，只有采用风险自担。例如，战争风险造成的风险损失，往往既不能回避，又不能排除，也不能转移和进行保险，而只能自担。第二，风险损失发生的频率低、损失小。例如，公司只有一两辆汽车，司机技术好，工作认真负责，不可能发生重大的车损,采取车损风险自担。第三,能够比较精确地预测风险损失,并且可能承担的最大损失比采用其他措施的成本低。

(二)自我保险

自我保险又称为个别自保,它是公司风险自担措施的一种。所谓自我保险指的是用其他风险管理手段不能有效处理的风险,公司通过预留风险基金或借贷资金来补偿风险损失。

自我保险不同于一般保险,首先,一般保险对公司而言属于风险转移措施,即将投保的风险损失部分或全部转嫁给保险人,自我保险则是公司单独承担风险损失。其次,当发生风险损失时,公司参加了保险,可以从保险公司得到补偿。在自我保险的条件下,若公司的风险基金、风险准备金不足,则不能得到充分补偿。最后,公司参加保险,在发生保险事故后,不可能返还已付保险费的剩余部分。公司采用自我保险措施,剩余的风险准备基金归公司所有。

与一般保险相比,在下列情况下选择自我保险对公司较为有利:第一,自我保险的管理费用比保险公司的附加费用低;第二,预期的损失比保险公司估计的数字低;第三,最大可能损失和最大可信损失,即在最不利情况下可能遭到的最大损失和在通常情况下可能遭到的最大损失,公司短期内在财力上能够承受;第四,保险费的支付在长期内延续,保险损失赔偿也要花很长时间,从而导致机会成本大量增加,而这时公司恰有投资获利的机会;第五,公司具有自保的条件,如有大量同质的风险单位存在,风险亏损可以合理预测,要根据公司的财务状况(流动资金、偿还能力、获利能力)、近年损失情况、保险费用等来确定。一般而言,公司每年自保的最高额度为纳税前年收入的百分之五。公司自保的金额可用当年净收入补偿,可设立风险专用基金、借入资金,或建立自保公司。

自保公司多为大型企业、多国性企业的母公司为了给公司自身提供保险服务,而单独成立自保子公司。有的在国内成立本国自保子公司,有的在国外成立国外自保子公司。目前美国已有一千多家自保公司,美国最大的五百家公司有三分之一以上建立了自己的自保公司。自保公司有利于减少保险费用,如可节省保险附加费,容易参加再保险,以及有利于减轻税收负担,因为公司交付的保险费可从公司应交税中扣除。另外,可以根据公司保险的需要,开展保险公司不愿开展的保险业务,如环境污染、产品赔偿责任、药物中毒等风险保险。自保公司也有不足的地方,如业务能力有限、组织机构简陋、财务基础薄弱等。

中国有些大型公司也在办理自保业务,如铁路和民航部门。有的公用汽车公司也自己办理旅客意外伤害保险。

（三）联合自保

联合自保是若干公司特别是中小公司自愿联合起来成立专属保险公司，进行自我保险服务，或由行业商会、协会，组织行业内的公司，共同成立保险公司，为行业内的公司提供某种保险服务。联合自保有公司和非公司组织形式两种，非公司组织形式一般由一个代理人管理。美国这样的保险组织约有五十个，如联合服务汽车保险协会。联合自保具有合作保险的性质，是非营利性的，特别适合于中小公司。

五、风险内部化策略

所谓风险内部化策略，就是将公司外部的经营风险转变为公司内部风险。公司在生产经营过程中原材料的供应可能会中断，或价格变动很大，中间产品的交易难以计算成本，或难以在数量、质量、时间上得到保证。有时很难得到适合公司需要的技术，并且技术采用费用很高，资金供应会发生困难，产品的销售常遇到激烈的竞争等，使生产要素的获得、产品的销售面临着许多风险，公司往往难以控制、排除，也无法避免、转移。然而，在一定的条件下公司外部的某些风险可以转化为内部风险，由不可控变为可控，从而降低风险损失发生的频率和程度，减少风险损失。风险内部化策略就是通过一些具体措施将公司外部的商品交易，转变成公司内部的协作和统一经营，改变风险的形态、性质，达到控制、排除、避免、转移风险的目的。这是一种具有综合功能的风险管理措施。

风险内部化策略的具体形式有卡特尔、托拉斯、康采恩等。卡特尔建立物资采购、产品销售、技术专利使用等方面的协作和协调。托拉斯将生产同类产品或在生产上有密切联系的企业联合在一起，进行统一经营。康采恩跨行业、跨部门组织公司联合经营。它们有的是松散的，有的是紧密联系的，有的是半紧密联系的。公司这些不同形式的联合经营可以使参加联营的公司减少风险威胁和风险损失，获得风险利益。

六、风险管理策略的综合运用

公司对经营风险的有效处理，不是依靠各种风险处理策略方法单独、孤立地发挥作用，而是依赖于各种风险处理方法的综合运用，形成风险处理方法的优化组合，在整体运用中实现风险处理功能，从而有效处理公司的经营风险。

（一）风险管理策略综合运用的客观性

公司风险管理策略的综合运用是必要的。首先，公司经营风险的整体性和复杂性决定了公司的各种风险管理策略必须综合运用。公司面临的经营风险不是单一的，而是多种多样的，并且各种风险相互关联、耦合、互动、互控，形成一个复杂的公司经营风险体系。公司的生产风险会导致销售风险和财务风险，销售风险反过来也会导致生产风险和财务风险。公司风险管理方法的运用必须要符合公司风险整体性和复杂性的要求。其次，各种风险管理策略本身的特点和功能决定了其必须综合运用。各种风险处理的具体形式都有自己一定的作用过程、作用范围、作用程度、灵活程度，并且各不相同，它们只能对某些风险或风险的一个方面及几个方面起作用，不可能有效处理复杂的、整体的公司经营风险。各种风险管理策略必须汇成一体，相互取长补短，相辅相成，这样才能发挥整体的综合处理功能。例如，对于财产风险，公司自担一部分，保险一部分，自担部分又采取一定的预防措施，可能比采取单一的财产风险保险效果要好。

公司风险管理策略的综合运用是可能的。各种风险管理方法之间具有的共同性为综合运用提供了基础。各种风险处理方法虽然具有各自的特点，对风险产生不同的影响，相互间不能替代，但是，它们之间又具有某些共同点。

1. 目标的一致性

每种风险处理方法的具体目标可能不相同，但它们最终的目标是一致的，即以最少的风险投入，去获得最大的经营安全度。这种总目标的一致性，使各种风险处理方法的作用方式、作用过程、作用后果有某种可控性，从而为方法的综合运用提供了可能性。

2. 功能的渗透性

尽管各种风险处理方法的功能不同，但往往相互渗透，有的处理方法本身就具有很大的综合性。例如，风险避免本身就包含有风险排除，风险的适应、预防、抵消也包含有风险避免；风险处理方法的结合，不仅可以分散、转让风险，有的还可以避免、排除风险，因为合资、合作经营可以避免某些风险的发生，可以增强公司抗风险能力等。这种功能的渗透性为方法的综合运用提供了必要前提。

3. 形态的共同性

风险处理方法的形态不外乎是物的形态和人的形态，这两种形态几乎所有的风险处理方法都在运用。这也为方法的综合运用提供了基础。人们在风险管理的实践中，认识和掌握了各种风险处理方法的性质，以及它们之间的内在联系与相互关系，不断增强综合运用各种处理方法的能力，使各种风险处理方法的综合运用不仅可能，而且变为现实。

（二）综合运用各种风险管理策略的方式

1. 按风险管理目标组合

公司的风险管理目标有损前目标、损后目标，还有取得风险利益的目标。不同时期，公司面临的主要风险不同，风险管理的目标会有差别。在经济萧条时期，公司的风险管理目标会以减少风险损失为主；在经济繁荣时期，公司的风险管理目标会以取得最大的风险利益为主，这样就会有不同的风险管理方式组合。

2. 按特定风险组合

这是公司针对某种已经确认的风险，特别是对公司威胁最大的风险或主要风险，同时采用几种处理手段，互相补充，以提高风险处理的效果。

3. 按风险处理手段的功能组合

风险处理手段有的适用于短期风险处理，有的侧重于静态风险处理，有的侧重于动态风险处理。为了有效地处理不同风险，可进行功能主次配合，以一种风险处理方法的功能为主，其他方法的功能为辅；或进行功能交替组合，当某种风险处理方法功能失效和减弱时，运用具有其他功能的风险处理方法代替。

以上三种综合运用各种风险管理策略的组合方式中，按风险管理目标组合方式是主要的，其他两种组合方式服务于或服从于风险管理目标组合方式，因为它们都是为了有效地实现风险管理目标。

（三）综合运用各种风险管理策略的要求

第一，各种风险处理手段的综合运用要以应对公司全部风险或整体风险的组合为主导。公司风险处理手段的综合运用，有的用以应对公司整体风险的配套组合，也有的用以应对部门风险的配套组合。前者是主要的，它涉及公司的生死存亡，后者是辅助的，它应和前者有机衔接，才有利于整体风险处理手段组合的实施。否则，就不可能有各种风险处理手段科学合理的组合。

第二，综合运用各种风险处理手段要考虑利弊，实行优化组合。各种风险处理手段各有自己的优点和不足，综合运用各种风险处理手段，要认真考虑它们的现实条件，预测实施各种手段的后果和影响，设计出几个综合运用方案，认真进行比较、评估，做出综合运用的优化决策。各种风险处理手段的优化组合应该符合如下几点。

①各种风险处理手段作用的方向要一致，不能背离，不能相互抵消。

②各种风险处理手段的作用时间要同步，不同的风险处理手段从实施到发生作用的时间不同，有的慢、作用时间长，如风险适应措施；有的快、作用时间短，如风险中止措施。因此，应做好各种风险处理手段作用时间的配合。

③各种风险处理手段作用的性质要互补。要以一种风险处理手段的优势去弥补另一种手段的不足，以相互取长补短，相得益彰。

第三，各种风险处理手段的组织在实施时要相对稳定和适时调整。各种风险处理手段的优化组合不能朝令夕改，也不能一劳永逸。当风险性质发生变化，风险处理方法在操作过程中发生失误，以及原组合本身存在缺陷时，必须适时采取新的优化组合。这需要公司不断地收集、综合分析各种风险信息，掌握好调整时机，取得综合运用各种风险处理方法的主动权，以更好发挥公司风险管理的整体效应。

参考文献

[1] 葛红光. 公司经营管理 [M]. 哈尔滨：哈尔滨工程大学出版社，2011.

[2] 徐泓，栗申. 公司战略与风险管理：应试辅导及强化训练 [M]. 济南：山东人民出版社，2011.

[3] 彭才根，马力. 企业经营管理认知 [M]. 苏州：苏州大学出版社，2012.

[4] 张波，邵彦铭，刘雅熙. 中小企业发展问题研究 [M]. 北京：中国经济出版社，2014.

[5] 徐飞，宋波. 企业发展理论与成长机理 [M]. 成都：西南交通大学出版社，2014.

[6] 罗铭，吴杰，蒋建国. 文化企业经营与管理 [M]. 合肥：中国科学技术大学出版社，2014.

[7] 任永菊. 跨国公司经营与管理 [M]. 2 版. 大连：东北财经大学出版社，2015.

[8] 施永霞，黄磊. 公司战略与风险管理实务 [M]. 南京：东南大学出版社，2015.

[9] 杨培雷. 跨国公司经营与管理 [M]. 2 版. 上海：上海财经大学出版社，2015.

[10] 高太平. 中小企业发展探析 [M]. 长春：吉林人民出版社，2016.

[11] 赵宇. 中小微企业发展与创新研究 [M]. 长春：吉林大学出版社，2017.

[12] 黄远新，田红英. 第三方物流企业经营管理 [M]. 北京：中国财富出版社，2017.

[13] 饶亮. 企业发展战略与内部控制 [M]. 长春：吉林出版集团股份有限公司，2017.

[14] 章益新. 连锁企业经营管理 [M]. 上海：上海交通大学出版社，2017.

[15] 刘军荣，郑磊，李光绪. 经济波动与跨国公司经营战略研究 [M]. 成都：西南交通大学出版社，2018.

[16] 王斐波，谢乔昕. 科技金融创新与中小科技型企业发展 [M]. 杭州：浙江大学出版社，2018.

[17] 中国财务公司协会. 企业集团财务公司经营运作理论与实践 [M]. 北京：中国金融出版社，2017.

[18] 边明伟. 工商企业经营管理案例教程 [M]. 2 版. 成都：西南交通大学出版社，2018.

[19] 宣健华. 基于成长型企业的公司战略问题研究 [J]. 科技经济导刊，2019（36）：246.

[20] 徐淑珍. 浅谈油公司建设创新型企业的意义及发展战略 [J]. 环渤海经济瞭望，2019（12）：63.

[21] 刘复芬. 浅谈基于公司战略的证券公司全面预算管理实施 [J]. 商讯，2019（34）：71-72.

[22] 张令银. 基于战略导向的企业预算管理创新 [J]. 管理观察，2019（31）：170-171.